대전광역시 교육청
교육공무직원
제1회 모의고사

성명		생년월일	
문제 수(배점)	45문항	풀이시간	/ 50분
영역	직무능력검사		
비고	객관식 4지선다형		

- 문제지 및 답안지의 해당란에 문제유형, 성명, 응시번호를 정확히 기재하세요.

- 모든 기재 및 표기사항은 "컴퓨터용 흑색 수성 사인펜"만 사용합니다.

- 예비 마킹은 중복 답안으로 판독될 수 있습니다.

1. 다음 빈칸에 들어갈 어휘로 가장 적절한 것을 고르시오.

> 그는 오랜 고민 끝에 현실과 이상의 균형점을 _____ 해
> 보기로 했다.

① 가름　　　　　　② 가늠

③ 갈음　　　　　　④ 갸름

2. 다음 중 빈칸에 공통으로 들어갈 말로 적절한 것을 고르시오.

> • 바깥바람이 (　).
> • 공연장이 (　).
> • 마음에 (　).
> • 팔찌를 (　).

① 차갑다　　　　　② 가득하다

③ 차다　　　　　　④ 흡족하다

3. 제시된 단어와 상반된 의미의 단어를 고르시오.

> 일축

① 단축　　　　　　② 승낙

③ 유치　　　　　　④ 일체

4. 제시된 단어의 뜻으로 옳은 것은?

> 안주(安住)

① 바뀌어 달라지지 아니하고 일정한 상태를 유지함

② 인간이 지각할 수 있는, 사물의 모양과 상태

③ 한곳에 자리를 잡고 편안히 삶

④ 대상이나 물건 따위를 소유한 사람

5. 다음 중 띄어쓰기가 옳은 문장은?

① 태권도에서 만큼은 발군의 실력을 낼 거야.

② 일이 오늘부터는 잘돼야 할텐데.

③ 용수야, 5년만인데 한잔해야지.

④ 이끄는 대로 따라갈 수밖에.

6. 다음 제시된 문장의 밑줄 친 어휘와 같은 의미로 사용된 것은?

> 준이는 어딜 가나 편을 <u>갈라</u> 자기편을 확보했다.

① 먼저 입장권을 받은 사람과 그렇지 못한 사람으로 <u>갈랐다</u>.

② 그가 물을 <u>가르며</u> 질주하자 환호성이 쏟아졌다.

③ 고래의 배를 <u>가르는</u> 일은~ 베테랑들만 할 수 있는 일이었다.

④ 허공을 <u>가르는</u> 그의 화살이 팀의 승리를 이끌었다.

7. 다음에 제시된 글의 흐름이 자연스럽도록 순서대로 배열한 것은?

> ㉠ 또 정면에서 보면 마치 귀가 있는 것처럼 보이는데, 귀에 점이 생겼다 없어졌다 한다.
>
> ㉡ 아프리카나 열대 호수에 사는 민물고기 중에 시클리드라는 물고기가 있다.
>
> ㉢ 시클리드는 기분 상태에 따라 색깔이 변한다.
>
> ㉣ 이 점이 생기면 지금 기분이 좋지 않다는 것으로 "너, 내가 공격할 테니까 빨리 피해."라는 뜻이다.

① ㉠-㉢-㉡-㉣　　　　② ㉡-㉣-㉠-㉢

③ ㉡-㉢-㉠-㉣　　　　④ ㉢-㉠-㉣-㉡

┃8～9┃ 주어진 글을 읽고 물음에 답하시오.

> 먼저 냉장고를 사용하면 전기를 낭비하게 된다. 언제 먹을지 모를 음식을 보관하는 데 필요 이상으로 전기를 쓰게 되는 것이다. 전기를 낭비한다는 것은 전기를 만드는 데 쓰이는 귀중한 자원을 낭비하는 것과 같다.
>
> (　　　　　　　　　) 냉장고가 없던 시절에는 식구가 먹고 남을 정도의 음식을 만들거나 얻게 되면 미련없이 이웃과 나누어 먹었다. 여러 가지 이유가 있겠지만 그 이유 가운데 하나는 남겨 두면 음식이 상한다는 것이었다. 그런데 냉장고를 사용하게 되면서 그 이유가 사라지게 되고, 이에 따라 이웃과 음식을 나누어 먹는 일이 줄어들게 되었다. 냉장고에 넣어 두면 일주일이고 한 달이고 오랫동안 상하지 않게 보관할 수 있기 때문이다. 냉장고는 점점 커지고, 그 안에 넣어 두는 음식은 하나둘씩 늘어난다.
>
> 또한 냉장고는 당장 소비할 필요가 없는 것들을 사게 한다. 그리하여 애꿎은 생명을 필요 이상으로 죽게 만들어서 생태계의 균형을 무너뜨린다. 짐승이나 물고기 등을 마구 잡고, 당장 죽지 않아도 될 수많은 가축을 죽여 냉장고 안에 보관하게 한다. 대부분의 가정집 냉장고에는 양의 차이는 있지만 닭고기, 쇠고기, 돼지고기, 생선, 멸치, 포 등이 쌓여 있다. 이것을 전국적으로, 아니 전 세계적으로 따져 보면 엄청난 양이 될 것이다. 우리는 냉장고를 사용함으로써 애꿎은 생명들을 필요 이상으로 죽여 냉동하는 만행을 습관적으로 저지르고 있는 셈이다.

8. 다음 주어진 글의 중심내용으로 적절한 것은?

① 냉장고를 발 빠르게 공급해야 한다.

② 냉장고는 인심의 전달을 방해한다.

③ 냉장고는 과소비를 조장한다.

④ 현대 사회에서 냉장고는 '보관' 이상의 의미를 지닌다.

9. 빈칸에 들어갈 말로 적절한 것은?

① 냉장고의 사용으로 음식들의 유통기한이 늘어나고 있다.

② 우리는 냉장고를 쓰면서 인정을 잃어 간다.

③ 우리는 냉장고를 통해 안정적으로 식량을 확보할 수 있다.

④ 냉장고는 음식에 대한 보다 넓은 가능성을 제시한다.

10. 다음 글의 주제로 가장 적절한 것은?

> 우리는 흔히 기억을 개인적인 경험의 저장소로 여기지만, 실제로 기억은 그보다 훨씬 더 복합적인 작용을 한다. 사람들은 단순히 과거의 사실을 저장하는 것이 아니라, 현재의 관점과 감정, 사회적 기대에 따라 과거의 일을 선택적으로 해석하고 구성한다. 예를 들어, 한 사건에 대해 서로 다른 사람들이 전혀 다른 방식으로 기억하는 것은 그들의 정체성, 문화적 배경, 그리고 그 시점의 심리적 상태가 기억의 내용에 영향을 미치기 때문이다. 또한, 기억은 시간이 지나면서 변화하기도 한다. 과거에는 슬프게 느껴졌던 일이 시간이 흐른 뒤에는 소중한 경험으로 재구성되기도 하며, 반대로 좋았던 기억이 후회로 바뀌는 경우도 있다. 이처럼 기억은 고정된 사실이 아니라, 개인이 살아가는 맥락 속에서 지속적으로 재해석되는 살아 있는 이야기이다. 때로는 우리가 기억하는 방식 자체가 자신을 이해하고 정체성을 구성하는 방식이 되기도 한다.

① 기억은 사실 그대로를 정확히 보존하는 정신 작용이다.

② 기억은 감정이 배제된 순수한 인지 기능에 가깝다.

③ 기억은 시간의 흐름에 따라 변형되는 개인의 이야기이다.

④ 기억은 인간의 뇌에 무작위로 저장되는 정보 집합이다.

11. 다음 문장들을 두괄식 문단으로 구성하고자 할 때, 문맥상 가장 먼저 와야 할 문장은?

> ㉠ 신라의 진평왕 때 눌최는 백제국의 공격을 받았을 때 병졸들에게, "봄날 온화한 기운에는 초목이 모두 번성하지만 겨울의 추위가 닥쳐오면 소나무와 잣나무는 늦도록 잎이 지지 않는다. ㉡ 이제 외로운 성은 원군도 없고 날로 더욱 위태로우니, 이것은 진실로 지사·의부가 절개를 다하고 이름을 드러낼 때이다."라고 훈시하였으며 분전하다가 죽었다. ㉢ 선비 정신은 의리 정신으로 표현되는 데서 그 강인성이 드러난다. ㉣ 죽죽(竹竹)도 대야성에서 백제 군사에 의하여 성이 함락될 때까지 항전하다가 항복을 권유받자, "나의 아버지가 나에게 죽죽이라 이름 지어 준 것은 내가 추운 겨울에도 잎이 지지 않으며 부러질지언정 굽힐 수 없도록 하려는 것이었다. 어찌 죽음을 두려워하여 살아서 항복할 수 있겠는가."라고 결의를 밝혔다.

① ㉠ ② ㉡
③ ㉢ ④ ㉣

12. 다음 글의 논증 구조를 옳게 파악한 것은?

> ㉠ 동물들의 행동을 잘 살펴보면 동물들도 우리가 사용하는 말 못지않은 의사소통 수단을 가지고 있는 듯이 보인다. ㉡ 즉, 동물들도 여러 가지 소리를 내거나 몸짓을 함으로써 자신들의 감정과 기분을 나타낼 뿐 아니라 경우에 따라서는 인간과 다를 바 없이 의사를 교환하고 있는 듯하다. ㉢ 그러나 그것은 단지 겉모습의 유사성에 지나지 않을 뿐이고 사람의 말과 동물의 소리에는 아주 근본적인 차이가 존재한다는 점을 잊어서는 안 된다. ㉣ 동물들이 사용하는 소리는 단지 배고픔이나 고통 같은 생물학적인 조건에 대한 반응이거나, 두려움이나 분노 같은 본능적인 감정들을 표현하기 위한 것에 지나지 않는다. ㉤ 따라서, 동물들이 내는 소리가 때때로 의사소통의 수단으로 이용된다고 해서 그것을 대화나 토론이나 회의와 같은 언어활동이라고 할 수는 없다.

① ㉠은 논증의 결론으로 주제문이다.
② ㉡은 ㉠의 논리적 결함을 지적한 것이다.
③ ㉢은 ㉠, ㉡을 부정하고 새로운 논점을 제시한 것이다.
④ ㉤은 ㉢, ㉣에 대한 근거이다.

13. 다음 글에 대한 내용으로 옳지 않은 것은?

> WTO 설립협정은 GATT 체제에서 관행으로 유지되었던 의사결정 방식인 총의 제도를 명문화하였다. 동 협정은 의사결정 회의에 참석한 회원국 중 어느 회원국도 공식적으로 반대하지 않는 한, 검토를 위해 제출된 사항은 총의에 의해 결정되었다고 규정하고 있다. 또한 이에 따르면 회원국이 의사결정 회의에 불참하더라도 그 불참은 반대가 아닌 찬성으로 간주된다.
>
> 총의 제도는 회원국 간 정치·경제적 영향력의 차이를 보완하기 위하여 도입되었다. 그러나 회원국 수가 확대되고 이해관계가 첨예화되면서 현실적으로 총의가 이루어지기 쉽지 않았다. 이로 인해 WTO 체제 내에서 모든 회원국이 참여하는 새로운 무역협정이 체결되는 것이 어려웠고 결과적으로 무역자유화 촉진 및 확산이 저해되고 있다. 이러한 문제의 해결 방안으로 '부속서 4 복수국간 무역협정 방식'과 '임계질량 복수국간 무역협정 방식'이 모색되었다.

① GATT에서 총의 제도를 이용한 의사결정 방식을 사용하였다.
② WTO의 기존 의사결정 제도를 보완하기 위한 방안을 찾고 있다.
③ WTO에서 회원국이 회의에 불참하는 것은 찬성을 의미한다.
④ 총의 제도는 회원국 간 정치적 영향력 격차를 벌어지게 만든다.

14. 다음 문장의 빈칸에 들어갈 수 있는 단어가 아닌 것을 고르시오.

> • 다국의 이해관계가 얽힌 일은 (   )하기가 어렵다.
> • 비행기 연착으로 인해 주말 아침에 귀국하려던 (   )에 차질이 생겼다.
> • 그의 의견은 비현실적인 (   )에 불과했다.

① 구상 ② 예측
③ 관측 ④ 계획

15. 다음 중 글의 흐름으로 볼 때 삭제해도 되는 문장은?

현재 리셋 증후군이 인터넷 중독의 한 유형으로 꼽고 있다. ①'리셋 증후군'이라는 말은 1990년 일본에서 처음 생겨났는데, 국내에선 1990년대 말부터 쓰이기 시작했다. ②리셋 증후군 환자들은 현실에서 잘못을 하더라도 버튼만 누르면 해결될 수 있다고 생각해서 아무런 죄의식이나 책임감 없이 행동한다. 리셋 증후군 환자들은 현실과 가상을 구분하지 못하여 게임에서 실행했던 일을 현실에서 저지르고 뒤늦게 후회하는 경우가 많다. ③리셋 증후군은 정신질환의 일종으로 판단하여 법적으로 심신미약 상태라는 판정되는 정신적 질환이다. ④특히, 이러한 특성을 지닌 청소년들은 무슨 일이든지 쉽게 포기하고 책임감 없는 행동을 하며, 마음에 들지 않는 사람이 있으면 칼로 무를 자르듯 관계를 쉽게 끊기도 한다.

16. 다음과 같이 일하는 공장이 있다. 오전 업무시간 동안 조립기계 2대만 가동하고, 오후 업무시간 동안 조립기계 2대와 포장기계 3대를 동시에 가동할 때, 하루 업무를 끝낸 시점에 포장되지 않고 남아있는 인형은 몇 개인가? (단, 어제 포장되지 않고 남아있는 인형은 없었다.)

어느 공장에 인형을 조립하는 기계는 1개의 인형을 조립하는데 3분이 걸리고, 인형을 포장하는 기계는 1개의 인형을 포장하는데 5분이 걸린다. 이 공장의 오전 업무시간은 9시~12시, 오후 업무시간은 1시~6시이고, 업무시간 이외의 시간에는 기계를 가동시키지 않는다.

① 120개　　　　② 140개
③ 200개　　　　④ 220개

17. 어떤 네 자리수가 있다. 백의 자리 숫자에서 1을 **빼면** 십의 자리 숫자와 같게 되고, 십의 자리 숫자의 2배가 일의 자리 숫자와 같다. 또, 이 네 자리수의 네 숫자를 순서가 반대가 되도록 배열하여 얻은 수에 원래의 수를 더하면 8778이 된다. 이 숫자의 각 자리수를 모두 더한 값은 얼마인가?

① 15   ② 16

③ 17   ④ 18

19. 남녀 총 300명에게 설문조사를 한 결과 40%가 ○○핸드폰을 소지하고 있었다. 여자 중 62.5%, 남자 중 25%가 ○○핸드폰을 소지하고 있다면, 남녀 수의 차이는 얼마인가?

① 40명   ② 50명

③ 60명   ④ 70명

20. 팀원들에게 사탕을 나누어 주는데 한 사람에게 4개를 주면 5개가 남고, 6개를 주면 3개가 부족하다. 이 때, 사탕의 수를 구하면?

① 21   ② 22

③ 23   ④ 24

18. 현수는 집에서 약 5 km 떨어진 은행에 가려고 한다. 현수가 오후 4시에 집을 출발하여 자전거를 타고 시속 12 km로 가다가 도중에 자전거가 고장 나서 시속 8 km로 뛰어갔더니 오후 4시 30분에 도착하였다. 현수가 자전거를 타고 간 거리는 얼마인가?

① 4 km   ② 3 km

③ 2 km   ④ 1 km

▌21~22 ▌ 다음 식을 계산하여 알맞은 답을 고르시오.

21.

$$\frac{7}{24} \div \frac{28}{432} \times \frac{16}{3}$$

① 20 ② 22

③ 24 ④ 26

22.

$$46 - 3^3 \div \frac{18}{\sqrt{16}}$$

① 40 ② 36

③ 32 ④ 29

23. 주어진 수의 대소 관계를 바르게 비교한 것을 고르시오.

$$A : \sqrt{36} + \sqrt{4} \qquad\qquad B : \sqrt{81} - \sqrt{9}$$

① 알 수 없다. ② A ＞ B

③ A = B ④ A ＜ B

24. 다음 표는 甲국의 기대수명과 A질병, B질병, C질병에 대한 표이다. 이에 대한 설명으로 옳은 것은?

(단위 : 세, %)

甲국	2018	2019	2020	2021	2022	2023	2024
기대수명	79.6	80.1	80.5	80.8	81.2	81.4	81.9
A질병	24.6	26.3	26.4	26.9	28.5	29	27.3
B질병	9.6	9.7	9.6	9.7	9.8	9	11
C질병	31.7	30.7	31.3	30.9	31.4	32.4	31.8

① A질병과 B질병은 해마다 증가하고 있다.

② A질병의 변동은 2022년에 가장 크게 나타났다.

③ B질병의 변동은 1% 이상 나타나지 않는다.

④ C질병의 증감은 증가 또는 감소와 같이 일정한 방향성이 없다.

▌25 ~ 26 ▌ 다음 두 자료는 일제강점기 중 1930 ~ 1936년 소작쟁의 현황에 관한 자료이다. 두 표를 보고 물음에 답하시오.

〈표1〉 소작쟁의 참여인원

(단위 : 명)

연도 구분	1930	1931	1932	1933	1934	1935	1936
지주	860	1,045	359	1,693	6,090	22,842	29,673
마름	0	0	0	586	1,767	3,958	3,262
소작인	12,151	9,237	4,327	8,058	14,597	32,219	39,518
전체	13,011	10,282	4,686	10,337	22,454	59,019	72,453

〈표2〉 지역별 소작쟁의 발생건수

(단위 : 건)

연도 지역	1930	1931	1932	1933	1934	1935	1936
강원도	4	1	6	4	92	734	2,677
경기도	95	54	24	119	321	1,873	1,299
경상도	230	92	59	300	1,182	5,633	7,040
전라도	240	224	110	1,263	5,022	11,065	7,712
충청도	139	315	92	232	678	3,714	8,136
평안도	5	1	0	16	68	1,311	1,733
함경도	0	0	0	2	3	263	404
황해도	13	10	14	41	178	1,241	947
전국	726	697	305	1,977	7,544	25,834	29,948

25. 위의 두 표에 관한 설명으로 옳지 않은 것은?

① 1932년부터 지주의 소작쟁의 참여인원은 매년 증가하고 있다.

② 전국 소작쟁의 발생건수에서 강원도 소작쟁의 발생건수가 차지하는 비중은 1933년보다 1934년에 증가했다.

③ 충청도의 1936년 소작쟁의 발생건수는 전년도의 두 배 이상이다.

④ 1930년에 비해 1931년에 소작쟁의 발생건수가 증가한 지역은 없다.

26. 위의 두 표에서 전국 소작쟁의 발생 건당 참여인원이 가장 많은 해는?

① 1930년
② 1933년
③ 1934년
④ 1935년

27. 다음은 A ~ E사의 연간 신상품 출시 건수에 대한 자료이다. 조사 기간 동안 출시 건수가 가장 많은 회사와 세 번째로 많은 회사의 2023년 대비 2024년의 증감률을 차례대로 바르게 적은 것은?

	A사	B사	C사	D사	E사
2021년	23	79	44	27	20
2022년	47	82	45	30	19
2023년	72	121	61	37	19
2024년	127	118	80	49	20

① 2.48%, 31.15%

② -2.38%, 30.15%

③ -2.48%, 31.15%

④ 2.38%, 30.15%

28. 다음은 교통수단에 따른 A씨의 만보기 측정값과 소비열량에 대한 자료이다. A씨가 버스 타는 날의 평균 만보기 측정값은 얼마인가?

	교통수단	만보기 측정값	소비 열량
1일	택시	9,500	2,800
2일	버스	11,500	2,900
3일	버스	14,000	2,700
4일	버스	12,000	2,700,
5일	버스	11,500	2,800
6일	버스	12,000	2,800
7일	버스	12,000	2,700
8일	버스	11,000	2,700
9일	택시	8,500	2,400
10일	버스	11,000	2,700

① 11,984   ② 11,875

③ 11,235   ④ 10,887

29. 다음은 우체국 택배물 취급에 관한 기준표이다. 미영이가 서울에서 포항에 있는 보람이와 설희에게 각각 택배를 보내려고 한다. 보람이에게 보내는 물품은 10kg에 130cm이고, 설희에게 보내려는 물품은 4kg에 60cm이다. 미영이가 택배를 보내는 데 드는 비용은 모두 얼마인가?

(단위 : 원/개)

중량(크기)		2kg까지 (60cm 까지)	5kg까지 (80cm 까지)	10kg까지 (120cm 까지)	20kg까지 (140cm 까지)	30kg까지 (160cm 까지)
동일지역		4,000원	5,000원	6,000원	7,000원	8,000원
타지역		5,000원	6,000원	7,000원	8,000원	9,000원
제주지역	빠른 (항공)	6,000원	7,000원	8,000원	9,000원	11,000원
	보통 (배)	5,000원	6,000원	7,000원	8,000원	9,000원

※ 1) 중량이나 크기 중에 하나만 기준을 초과하여도 초과한 기준에 해당하는 요금을 적용한다.

　2) 동일지역은 접수지역과 배달지역이 동일한 시/도이고, 타지역은 접수한 시/도지역 이외의 지역으로 배달되는 경우를 말한다.

　3) 부가서비스(안심소포) 이용시 기본요금에 50% 추가하여 부가한다.

① 13,000원

② 14,000원

③ 15,000원

④ 16,000원

30. 다음은 A국의 친환경 농작물 생산 현황에 대한 자료이다. 자료에 대한 설명으로 옳은 것은?

〈연도별 친환경 농작물 재배농가, 재배면적, 생산량〉

(단위 : 천 호, 천 ha, 천 톤)

구분＼연도	2020년	2021년	2022년	2023년
재배농가	53	135	195	221
재배면적	53	106	174	205
생산량	798	1,786	2,188	2,258

〈연도별 친환경 농작물 생산방법별 재배면적〉

(단위 : 천 ha)

생산방법＼연도	2020년	2021년	2022년	2023년
유기농	9	11	13	17
무농약	14	37	42	69
저농약	30	58	119	119

① 친환경 농산물 재배농가 당 생산량은 매년 증가하고 있다.
② 2020년 대비 2023년 친환경 농작물 재배농가 증가율은 생산량의 증가율보다 낮다.
③ 생산방법별 재배 면적에서 저농약의 재배면적 비중은 2022년과 2023년에 동일하다.
④ 친환경 농산물 재배면적 중 유기농 농작물의 비중은 2022년에 가장 낮다.

31. 다음에 제시된 명제가 모두 참일 때, 반드시 참이라고 할 수 있는 것은 어느 것인가?

- 감기에 걸린 사람은 운동을 하지 않는다.
- 운동을 하지 않는 사람은 식단을 관리하지 않는다.
- 식단을 관리하지 않는 사람은 과일을 자주 먹는다.

① 과일을 자주 먹지 않는 사람은 감기에 걸리지 않는다.
② 운동을 하지 않는 사람은 감기에 걸린다.
③ 식단을 관리하는 사람은 감기에 걸린다.
④ 과일을 자주 먹지 않는 사람은 운동을 하지 않는다.

32. A, B, C, D 네 명의 용의자가 살인사건 현장에서 심문을 받고 있다. 용의자들의 진술이 다음과 같고 네 사람 가운데 한명만 진실을 말하고 있다면 다음 중 살인자는 누구인가?

- A : B가 살인을 저질렀습니다.
- B : D가 살인을 저질렀어요.
- C : 난 살인을 저지르지 않았어요.
- D : B가 거짓말을 하고 있어요.

① A   ② B
③ C   ④ D

33. 카페에서 메뉴를 정하는 데, A~G는 커피와 주스 중 하나를 고르기로 하였다. 이들의 의견이 다음과 같을 때 주스를 주문할 사람의 최소 인원은?

⊙ A나 B가 커피를 주문하면, C와 D도 커피를 주문한다.
ⓒ B나 C가 커피를 주문하면, E도 커피를 주문한다.
ⓒ D는 주스를 주문한다.
ⓔ E와 F가 커피를 주문하면, B나 D 중 적어도 하나는 커피를 주문한다.
ⓜ G가 주스를 주문하면, F는 커피를 주문한다.

① 2명　　　　　　　② 3명
③ 4명　　　　　　　④ 5명

|34~38 | 다음 제시된 숫자의 배열을 보고 규칙을 적용하여 빈칸에 들어갈 숫자를 고르시오.

34.

| 13　5　18　23　41　64　105　( ) |

① 169　　　　　　　② 160
③ 159　　　　　　　④ 148

35.

| 4　6　4　　7　4　0　　2　9　10　　5　4　( ) |

① 8　　　　　　　② 10
③ 12　　　　　　　④ 14

36.

| C-F-L-U-( ) |

① B　　　　　　　② D
③ G　　　　　　　④ I

37.

| 13@11=1　　22@25=8　　15@32=4　　(19@21)@15=( ) |

① 6　　　　　　　② 5
③ 4　　　　　　　④ 3

38.

| 5&8=8　　6&7=6　　4&4=32　　3&9=( ) |

① 15　　　　　　　② 17
③ 19　　　　　　　④ 21

39. 甲, 乙, 丙, 丁 총 4명이 민원을 접수하기 위해 기다리고 있다. 다음 조건이라면 가장 먼저 민원을 접수하는 사람은 누구인가?

- 甲은 乙보다 먼저 접수한다.
- 丙은 丁보다 먼저 접수한다.
- 丁은 甲보다 먼저 접수한다.

① 甲   ② 乙
③ 丙   ④ 丁

40. 우유, 과일, 탄산음료, 케이크, 떡, 수정과, 식혜, 아이스크림 총 8개의 후식 메뉴가 있다. 다음의 내용이 항상 참일 때 항상 참인 것을 고르시오.

- 수정과를 마신 후에는 음식 섭취를 하지 않는다.
- 우유나 탄산음료를 마신 사람은 아이스크림을 먹지 않는다.
- 케이크를 먹은 다음에는 우유를 마신다.
- 탄산음료나 떡을 먹는 사람은 과일을 먹는다.

① 과일을 먹은 사람은 수정과를 마시지 않는다.
② 케이크를 먹은 사람은 아이스크림을 마지막으로 먹는다.
③ 떡을 먹고 수정과를 마신 사람은 식사가 끝난 것이다.
④ 과일을 먹은 사람은 탄산음료를 마셨을 것이다.

┃41 ~ 42 ┃ 다음 두 사건은 별개의 사건으로 다음의 조건을 읽고 물음에 답하시오.

〈사건 1〉

가인 : 저는 빵을 훔치지 않았어요.

나은 : 다영이는 절대 빵을 훔치지 않았어요.

다영 : 제가 빵을 훔쳤습니다.

　그런데 나중에 세 명 중 두 명은 거짓말을 했다고 자백하였고, 빵을 훔친 사람은 한 명이라는 것이 밝혀졌다.

〈사건 2〉

라희 : 저는 결코 창문을 깨지 않았습니다.

마준 : 라희의 말이 맞습니다.

바은 : 제가 창문을 깼습니다.

　그런데 나중에 창문을 깬 사람은 한 명이고 그 범인은 거짓말을 했다는 것이 밝혀졌다.

41. 주어진 조건에 따라 〈사건 1〉과 〈사건 2〉의 범인을 모두 고른 것은?

① 가인, 바은
② 다영, 라희
③ 다영, 마준
④ 가인, 라희

42. 주어진 조건을 따라 거짓을 이야기 하지 않은 사람은?

① 가인   ② 나은
③ 마준   ④ 바은

43. 갑, 을, 병, 정, 무 5명을 키 순서대로 세웠더니 다음과 같은 사항을 알게 되었다. 키가 2번째로 큰 사람은?

- 병은 무 다음으로 크다.
- 갑은 무보다 작지 않다.
- 5명 중 가장 큰 사람은 정이다.
- 을은 병보다 작다.

① 갑   ② 을
③ 병   ④ 정

▌44 ~ 45 ▌ 다음 도형들의 일정한 규칙을 찾아 ? 표시된 부분에 들어갈 도형을 고르시오.

44.

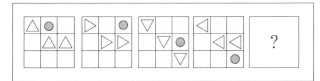

45.

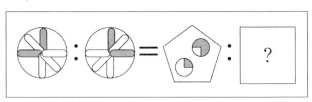

대전광역시교육청 교육공무직원 기출통합 모의고사

직업기초능력평가

번호	①	②	③	④		번호	①	②	③	④		번호	①	②	③	④
1	①	②	③	④		21	①	②	③	④		41	①	②	③	④
2	①	②	③	④		22	①	②	③	④		42	①	②	③	④
3	①	②	③	④		23	①	②	③	④		43	①	②	③	④
4	①	②	③	④		24	①	②	③	④		44	①	②	③	④
5	①	②	③	④		25	①	②	③	④		45	①	②	③	④
6	①	②	③	④		26	①	②	③	④						
7	①	②	③	④		27	①	②	③	④						
8	①	②	③	④		28	①	②	③	④						
9	①	②	③	④		29	①	②	③	④						
10	①	②	③	④		30	①	②	③	④						
11	①	②	③	④		31	①	②	③	④						
12	①	②	③	④		32	①	②	③	④						
13	①	②	③	④		33	①	②	③	④						
14	①	②	③	④		34	①	②	③	④						
15	①	②	③	④		35	①	②	③	④						
16	①	②	③	④		36	①	②	③	④						
17	①	②	③	④		37	①	②	③	④						
18	①	②	③	④		38	①	②	③	④						
19	①	②	③	④		39	①	②	③	④						
20	①	②	③	④		40	①	②	③	④						

성명

수험번호

⓪	⓪	⓪	⓪	⓪	⓪	⓪	⓪	⓪
①	①	①	①	①	①	①	①	①
②	②	②	②	②	②	②	②	②
③	③	③	③	③	③	③	③	③
④	④	④	④	④	④	④	④	④
⑤	⑤	⑤	⑤	⑤	⑤	⑤	⑤	⑤
⑥	⑥	⑥	⑥	⑥	⑥	⑥	⑥	⑥
⑦	⑦	⑦	⑦	⑦	⑦	⑦	⑦	⑦
⑧	⑧	⑧	⑧	⑧	⑧	⑧	⑧	⑧
⑨	⑨	⑨	⑨	⑨	⑨	⑨	⑨	⑨

대전광역시 교육청
교육공무직원
제2회 모의고사

성명		생년월일	
문제 수(배점)	45문항	풀이시간	/ 50분
영역	직무능력검사		
비고	객관식 4지선다형		

- 문제지 및 답안지의 해당란에 문제유형, 성명, 응시번호를 정확히 기재하세요.
- 모든 기재 및 표기사항은 "컴퓨터용 흑색 수성 사인펜"만 사용합니다.
- 예비 마킹은 중복 답안으로 판독될 수 있습니다.

1. 제시된 단어와 유사한 의미의 단어를 고르시오.

안목

① 무지　　　　　　　② 통찰

③ 견해　　　　　　　④ 착각

2. 다음 중 나머지 세 개의 단어의 의미로 사용될 수 있는 단어를 고르시오.

① 바르다　　　　　　② 붙이다

③ 묻히다　　　　　　④ 정하다

3. 다음 밑줄 친 단어와 쓰임이 같은 것은?

소년은 손이 더러워지는 것은 아랑곳하지 않고 쓰레기를 <u>주웠다</u>.

① 다들 말은 하지 않았지만 <u>주워</u> 온 애는 태가 난다고 생각했다.

② 그녀는 서둘러 젖지 않은 나뭇가지를 <u>주워</u>서 불을 피웠다.

③ 그가 <u>주워</u> 온 테이블이 제법 방의 분위기와 어울렸다.

④ 누나는 배가 부르다면서 다 구워진 전을 <u>주워</u> 먹었다.

4. 다음 중 밑줄 친 단어의 형태가 옳은 것은?

① 아이는 언덕이 <u>가파라서</u> 넘어오지 못했다.

② 흰옷은 몇 번 입지 못하고 <u>싯누렇게</u> 변해버렸다.

③ 아내는 하루종일 동치미를 <u>담궜다</u>.

④ 화살은 사과를 <u>맞추고</u> 과녁을 명중했다.

5. 다음 중 빈칸에 공통으로 들어갈 말로 적절한 것을 고르시오.

• 음식이 입맛에 (　　). • 물기를 (　　). • 털실로 스웨터를 (　　). • 월급이 (　　).

① 짜다　　　　　　　② 만들다

③ 인색하다　　　　　④ 오르다

6. 다음에 제시된 9개의 단어 중 관련된 단어를 통해 유추할 수 있는 것을 고르시오.

응급실, 한자, 의사, 신분증, 환자, 머리띠, 수영복, 해바라기, 달리기

① 병원　　　　　　　② 소방관

③ 고백　　　　　　　④ 사과

7. 단어의 상관관계를 파악하고 (   ) 안에 알맞은 단어를 넣으시오.

> 햇살 : 따뜻함 = 칼 : (   )

① 부드러움
② 날카로움
③ 차분함
④ 느긋함

8. 다음 문장의 빈칸에 들어갈 수 있는 단어가 아닌 것은?

> • 딸의 꿈이 커질수록 경제적인 (   )은 커져만 갔다.
> • 매장을 관리하는 것은 강 대리의 (   )이다.
> • 그에게 사과를 하고 용서를 구했으나 마음의 (   )은 덜어지지 않았다.

① 담임
② 담당
③ 부담
④ 짐

9. 다음 글의 빈칸에 들어갈 단어로 가장 적절한 것은?

> 전형적인 서양의 풍경화를 눈여겨보면, 설령 화폭에 인물이 그려지지 않은 경우라 할지라도 화면 밖에 반드시 한 사람의 관찰자가 있어서 이젤 앞에 못 박힌 듯이 서서 주위 풍경을 측량하듯이 바라보는 차갑고 단조로운 시선을 느낄 수 있다. 자연 풍경을 그렸다고는 하지만 (   ) 그러므로 풍경화 속의 부분 부분은 한결같이 작품 밖에서 그것을 바라보는 한 개인, 즉 객관적인 관찰자와의 관계 속에서 투시법적으로 형태가 결정되어 그려진다.

① 자연만이 주인공이 되어 캔버스 안에 가득히 펼쳐진다.
② 어디까지나 그 앞에 인간이 있으며, 그 인간이 바로 모든 풍경의 기준점이 되어 있다.
③ 인간의 시선은 캔버스 너머에 존재하며 시선에서 자유로워진 자연만이 존재한다.
④ 자연의 모습을 현대적인 시각으로 재해석하여 유려한 형태로 그려진다.

10. 다음 글의 중심 내용은?

> 헤르만 헤세는 어느 책이 유명하다거나 그것을 모르면 수치스럽다는 이유만으로 그 책을 무리하게 읽으려는 것은 참으로 그릇된 일이라 했다. 그는 이어서, "그렇게 하기보다는 모든 사람은 자기에게 자연스러운 면에서 읽고, 알고, 사랑해야 할 것이다. 어느 사람은 학생 시절의 초기에 벌써 아름다운 시구의 사랑을 자기 안에서 발견할 수 있으며, 혹은 어느 사람은 역사나 자기 고향의 전설에 마음이 끌리게 되고 또는 민요에 대한 기쁨이나 우리의 감정이 정밀하게 연구되고 뛰어난 지성으로써 해석된 것에 독서의 매력 있는 행복감을 가질 수 있을 것이다."라고 말한 바 있다.

① 문학 작품을 많이 읽으면 정서 함양에 도움이 된다.
② 학생 시절에 고전과 명작을 많이 읽어 교양을 쌓아야 한다.
③ 남들이 읽어야 한다고 말하는 책보다 자신이 읽고 싶은 책을 읽는 것이 좋다.
④ 자신이 속한 사회의 역사나 전설에 관한 책을 읽으면 애향심을 기를 수 있다.

도시에 살고 있는 많은 사람들은 자연을 마치 액자에 걸린 그림처럼, 단지 보기 좋은 풍경으로만 여기곤 합니다. 그러나 자연은 그보다 훨씬 더 복합적이고 정한 구조를 지닌 공간이며, 그 안에는 셀 수 없이 많은 생명들이 서로 영향을 주고받으며 살아가고 있습니다.

우리가 '강한 생명체'라고 부르는 것들 역시 실은 다른 생명체들과의 관계 속에서 살아남은 결과이지, 그 자체로 완전무결하거나 절대적인 힘을 지닌 존재는 아닙니다.

예를 들어, 사막에서 살아가는 선인장은 다른 식물들보다 더 강인해서 살아남은 것이 아니라, 물을 나누거나 경쟁하기보다 스스로 수분을 저장하고 조절할 수 있는 생존 전략을 갖고 있었기 때문에 지금까지 생존해 온 것입니다. 또한 울창한 숲 속의 거대한 나무들 역시, 햇빛을 많이 받기 위해 치열하게 경쟁하기는 하지만 그 뿌리 아래에는 작은 풀과 식물들이 함께 토양을 공유하며 자라고 있고, 서로의 존재를 전적으로 밀어내기보다는 공존하는 방식으로 균형을 이루고 있습니다. 이러한 자연의 구조는 인간 사회에도 깊은 시사점을 줍니다. 우리 공동체 안에서도 "혼자만 잘되면 된다"는 생각만으로는 결국 오래 살아남기 어렵고, 자신이 가진 자원을 나누고 함께 살아가려는 태도를 가진 사람이 더 오랫동안, 더 안정된 관계 속에서 살아갈 수 있습니다.

자연이 그러하듯, 사람 사이의 삶도 사실은 경쟁보다는 조화와 균형 속에서 더 지속 가능한 형태로 작동합니다. 자연을 관찰하고 이해하는 것은 단순한 생물학적 지식을 넘어서 우리 자신이 어떻게 살아야 할지를 묻는 거울 같은 행위일 수 있습니다.

11. 화자의 주장으로 가장 적절한 것은?

① 자연은 강한 자만이 살아남는 전쟁터이므로, 인간 사회도 경쟁 중심이어야 한다.

② 인간 사회는 자연과 달리 협력이 중심이 아니라, 이익을 쟁취하는 능력이 중요하다.

③ 생존이란 타인을 배제하거나 이겨야 가능한 것이며, 이는 자연의 냉정한 법칙이다.

④ 자연은 경쟁보다는 공존과 균형을 통해 생명을 유지하며, 인간 사회도 그와 같다는 점에서 우리 삶의 방향은 함께 살아가는 방식 안에서 길을 찾아야 한다.

12. 위 글의 내용으로 적절하지 않은 것은?

① 선인장은 강력한 뿌리나 경쟁력이 아니라, 스스로 수분을 저장하고 관리하는 방식으로 생존한다.

② 자연을 단지 보기 좋은 풍경이나 액자 속의 그림처럼만 여기는 시각은 자연의 본질을 이해하지 못한 것이다.

③ 인간 사회의 지속 가능한 삶은 서로 협력하기보다는 철저한 자기 중심적 태도에 의해 이루어진다.

④ 살아남은 생명체들은 강한 힘을 앞세우기보다는, 서로 영향을 주고받는 관계 속에서 균형을 이루며 살아가는 경우가 많다.

13. 〈보기〉의 ㉠에 들어갈 접속 부사로 가장 옳은 것은?

격분의 물결은 사람들의 주의를 동원하고 묶어내는 데는 대단히 효과적이다. 하지만 매우 유동적이고 변덕스러운 까닭에 공적인 논의와 공적인 공간을 형성하는 역할을 감당하지는 못한다. 격분의 물결은 그러기에는 통제하기도 예측하기도 어렵고, 불안정하며, 일정한 형태도 없이 쉽게 사라져 버린다. 격분의 물결은 갑자기 불어났다가 또 이에 못지않게 빠른 속도로 소멸한다. 여기서는 공적 논의를 위해 필수적인 안정성, 항상성, 연속성을 찾아볼 수 없다. (㉠) 격분의 물결은 안정적인 논의의 맥락 속에 통합되지 못한다. 격분의 물결은 종종 아주 낮은 사회적, 정치적 중요성밖에 지니지 않는 사건들과 관련하여 발생한다.

① 그런데

② 그리고

③ 따라서

④ 하지만

14. 다음 글이 들어가기에 적당한 위치를 고르시오.

> 400만 년 전, 우리 인류의 전 주자였던 오스트랄로피테쿠스는 고기를 먹었다. 한때 오스트랄로피테쿠스가 과일만 먹었을 것이라고 믿은 적도 있었다. 따라서 오스트랄로피테쿠스 속과 사람 속을 가르는 선을 고기를 먹는지 여부로 정했었다.

⑦ 우리는 도구를 사용하고, 다양한 종류의 음식을 먹는 본능과 소화력을 갖췄다. 어떤 동물은 한 가지 음식만 먹는다. 이렇게 음식 하나에 모든 것을 거는 '단일 식품 식생활'은 도박이다. 그 음식의 공급이 끊기면 그 동물도 끝이기 때문이다.

⑭ 그러나 남아프리카공화국의 한 동굴에서 발견된 200만 년 된 유골 4구의 치아에서는 이와 다른 증거가 발견됐다. 인류학자 맷 스폰하이머와 줄리아 리소프는 이 유골의 치아사기질의 탄소 동위 원소 구성 중 13C의 비율이 과일만 먹은 치아보다 열대 목초를 먹은 치아와 훨씬 더 가깝다는 것을 발견했다.

⑮ 식생활 동위 원소는 체내 조직에 기록되기 때문에 이 발견은 오스트랄로피테쿠스가 상당히 많은 양의 풀을 먹었거나 이 풀을 먹은 동물을 먹었다는 추측을 가능케 한다. 그런데 같은 치아에서 풀을 씹어 먹을 때 생기는 마모는 전혀 보이지 않았기 때문에 오스트랄로피테쿠스 식단에서 풀을 먹는 동물이 큰 부분을 차지했다는 결론을 내릴 수 있다.

⑯ 오래전에 멸종되어 260만 년이라는 긴 시간을 땅속에 묻혀 있던 동물의 뼈 옆에서는 석기들이 함께 발견되기도 한다. 이 뼈와 석기가 들려주는 이야기는 곧 우리의 이야기다. 어떤 뼈에는 이로 씹은 흔적 위에 도구로 자른 흔적이 겹쳐있다. 그 반대의 흔적이 남은 뼈들도 있다. 도구로 자른 흔적 다음에 날카로운 이빨 자국이 남은 경우다. 이런 것은 무기를 가진 인간이 먼저 먹고 동물이 이빨로 뜯어 먹은 것이다. 우리의 사냥 역사는 정말 먼 옛날까지 거슬러 올라간다. 15만 세대 정도다.

① ⑦ 뒤   ② ⑭ 뒤
③ ⑮ 뒤   ④ ⑯ 뒤

---

15. (가)~(라)를 논리적 순서로 배열할 때 가장 적절한 것은?

> '국어 순화'를 달리 이르는 말로 이제는 '우리말 다듬기'라는 말이 쓰이고 있다. '국어 순화'라는 말부터 순화해야 한다는 지적이 있었던 상황에서 '우리말 다듬기'라는 말은, 그 의미를 대강 짐작할 수 있는 쉬운 우리말이라는 점에서, 국어 순화의 기본 정신에 걸 맞는 말이라 할 수 있다.

⑦ 우리말 다듬기는 국어 속에 있는 잡스러운 것을 없애고 순수성을 회복하는 것과 복잡한 것을 단순하게 하는 것으로 이해된다.

⑭ 또한, 그것은 복잡한 것으로 알려진 어려운 말을 쉬운 말로 고치는 일도 포함한다.

⑮ 이렇게 볼 때, 우리말 다듬기란 한마디로 고운 말, 바른말, 쉬운 말을 가려 쓰는 것을 말한다.

⑯ 따라서 우리말 다듬기는 잡스러운 것으로 알려진 들어온 말 및 외국어를 가능한 한 고유어로 재정리하는 것과 비속한 말이나 틀린 말을 고운 말, 표준말로 바르게 하는 것이다.

> 즉, 우리말 다듬기는 '순 우리말(토박이말)'이 아니거나 '쉬운 우리말'이 아닌 말을 순 우리말이나 쉬운 우리말로 바꾸어 쓰는 '순 우리말 쓰기'나 '쉬운 우리말 쓰기'를 두루 아우르는 말이다. 그러나 우리말 다듬기의 범위를 넓게 잡으면 '순 우리말 쓰기'와 '쉬운 우리말 쓰기'뿐만 아니라 '바른 우리말 쓰기', '고운 우리말 쓰기'까지도 포함될 수 있다. '바른 우리말 쓰기'는 규범이나 어법에 맞지 않는 말이나 표현을 바르게 고치는 일을 가리키고, '고운 우리말 쓰기'는 비속한 말이나 표현을 우아하고 아름다운 말로 고치는 일을 가리킨다.

① (가) → (나) → (다) → (라)
② (가) → (다) → (라) → (나)
③ (가) → (라) → (나) → (다)
④ (가) → (라) → (다) → (나)

16. $x=24$일 때, 다음 식의 값을 구하시오.

$$x^2 \div \sqrt{64} \times \frac{21}{36} + x \times 2^{-1}$$

① 49   ② 51

③ 54   ④ 63

17. 어느 인터넷 사이트에서 회원을 대상으로 행운권 추첨 행사를 하고 있다. 행운권이 당첨될 확률은 $\frac{1}{3}$ 이고, 당첨되는 경우에는 회원 점수가 5점, 당첨되지 않는 경우에는 1점 올라간다. 행운권 추첨에 4회 참여하여 회원 점수가 16점 올라갈 확률은? (단, 행운권을 추첨하는 시행은 서로 독립이다.)

① $\frac{8}{81}$ ② $\frac{10}{81}$

③ $\frac{4}{27}$ ④ $\frac{14}{81}$

18. 올해 엄마와 딸의 나이를 합하면 38이다. 아들은 딸보다 두 살 어리고, 3년 후의 딸과 아들의 나이를 합하면 20일 때, 올해 엄마의 나이는 몇 살인가?

① 28세   ② 30세

③ 32세   ④ 34세

19. 어떤 물건의 원가에 20%의 이익을 붙여서 정가를 정하였다가 팔리지 않아서 2,000원을 할인해서 팔았더니 원가의 15%의 이익을 얻었다. 이 물건의 원가는 얼마인가?

① 25,000원   ② 30,000원

③ 35,000원   ④ 40,000원

20. 화창한 어느 날 낮에 3%의 설탕물 400g이 들어있는 컵을 창가에 놓아두었다. 저녁에 살펴보니 물이 증발하여 농도가 5%가 되었다. 남아있는 설탕물의 양은?

① 160g ② 180g

③ 220g ④ 240g

21. G사의 공장 앞에는 '가로 20m×세로 15m' 크기의 잔디밭이 조성되어 있다. 시청에서는 이 잔디밭의 가로, 세로 길이를 동일한 비율로 확장하여 새롭게 잔디를 심었는데 새로운 잔디밭의 총 면적은 432m^{2}였다. 새로운 잔디밭의 가로, 세로의 길이는 순서대로 얼마인가?

① 24m, 18m   ② 23m, 17m

③ 22m, 16.5m   ④ 21.5m, 16m

22. 갑과 을이 거리가 2km인 두 지점 A, B를 왕복하는 데, 갑은 분속 40m로 먼저 출발하고, 9분 후에 을이 자전거를 타고 분속 160m로 뒤따라갔다. 을은 갑을 A에서 몇 m 떨어진 곳에서 만났는가? (단, 두 사람은 A에서 같은 방향으로 출발하였다.)

① 480m   ② 460m

③ 440m   ④ 420m

┃23 ~ 24┃ 다음은 A~E국의 최종학력별 근로형태 비율에 관한 자료이다. 물음에 답하시오.

(단위 : %)

		A	B	C	D	E
중졸	전일제근로자	35	31	31	39	31
	시간제근로자	29	27	14	19	42
	무직자	36	42	55	42	27
고졸	전일제근로자	46	47	42	54	49
	시간제근로자	31	29	15	20	40
	무직자	23	24	43	26	11
대졸	전일제근로자	57	61	59	67	55
	시간제근로자	25	28	13	19	39
	무직자	18	11	28	14	6

23. 주어진 자료를 해석한 내용이 옳지 않은 것은?

① 중졸 전일제근로자의 비중은 모두 40%를 넘지 않는다.

② C국은 대졸 전일제근로자의 비중이 고졸, 중졸보다 각각 10%, 20%이상 커서 최종학력이 높을수록 전일제로 근무하는 비율이 높다고 볼 수 있다.

③ A ~ E국 중 고졸 시간제근로자의 비중은 D국이 가장 높다.

④ 대졸 전일제근로자의 비중이 가장 높은 곳은 전 학력 시간제근로자의 비중이 30%를 넘지 않는다.

24. A국의 대졸 인원이 15,000명이고, A국의 무직자의 수와 C국의 무직자의 수가 같을 때 C국의 대졸 인원은 몇 명인가?

① 10,043명   ② 9,643명

③ 9,472명   ④ 9,356명

25. 다음은 우리나라의 성별, 졸업대학 특성별 고용률을 연도별로 나타낸 자료이다. 다음 자료를 보고 판단한 〈보기〉의 의견 중 올바른 것만으로 짝지어진 것은 어느 것인가?

(단위: %)

		2024년	2023년	2022년	2021년	2020년
전체		73.9	74.9	73.7	75.9	79.4
학교유형	2~3년제	76.1	77.6	75.6	78.0	80.3
	4년제	72.5	73.1	72.2	74.4	78.7
	교육대	89.6	91.3	90.9	87.5	87.2
전공계열	인문	69.5	68.0	65.5	69.1	75.1
	사회	74.2	74.1	73.2	75.8	78.8
	교육	77.1	78.2	76.3	74.9	78.1
	공학	75.3	76.7	76.2	78.6	81.8
	자연	66.4	67.8	67.5	69.4	75.4
	의약	84.8	85.9	83.1	83.4	86.5
	예체능	70.9	74.4	73.0	76.5	78.8

〈보기〉

㈎ 전체 고용률만 보면, 매년 감소하고 있다.

㈏ 2023년에는 모든 지표에서 2022년보다 높은 고용률을 나타내고 있다.

㈐ 전공 기준으로만 보면, 의약 전공자들의 고용률이 매년 가장 높다.

㈑ 학교 유형으로만 보면, 2020년 대비 2024년의 고용률이 증가한 학교유형은 교육대뿐이다.

① ㈏, ㈐, ㈑   ② ㈎, ㈐, ㈑

③ ㈎, ㈏, ㈑   ④ ㈎, ㈏, ㈐

26. 다음과 같은 자료를 활용하여 작성할 수 있는 하위 자료로 적절하지 않은 것은 어느 것인가?

(단위: 천 가구, 천 명, %)

구분	2018	2019	2020	2021	2022
농가	1,142	1,121	1,089	1,068	1,042
농가 비율(%)	6.2	6.0	5.7	5.5	5.3
농가 인구	2,847	2,752	2,569	2,496	2,422
남자	1,387	1,340	1,265	1,222	1,184
여자	1,461	1,412	1,305	1,275	1,238
성비	94.9	94.9	96.9	95.9	95.7
농가인구 비율(%)	5.6	5.4	5.0	4.9	4.7

* 농가 비율과 농가인구 비율은 총 가구 및 총인구에 대한 농가 및 농가인구의 비율임.

① 2018년 ~ 2022년 기간의 연 평균 농가의 수

② 연도별 농가당 성인 농가인구의 수

③ 총인구 대비 남성과 여성의 농가인구 구성비

④ 연도별, 성별 농가인구 증감 수

27. 다음 〈표〉는 콩 교역에 관한 자료이다. 이 자료에 대한 설명으로 옳지 않은 것은?

(단위 : 만 톤)

순위	수출국	수출량	수입국	수입량
1	미국	3,102	중국	1,819
2	브라질	1,989	네덜란드	544
3	아르헨티나	871	일본	517
4	파라과이	173	독일	452
5	네덜란드	156	멕시코	418
6	캐나다	87	스페인	310
7	중국	27	대만	169
8	인도	24	벨기에	152
9	우루과이	18	한국	151
10	볼리비아	12	이탈리아	144

① 이탈리아 수입량은 볼리비아 수출량의 12배이다.

② 수출량과 수입량 모두 상위 10위에 들어있는 국가는 네덜란드뿐이다.

③ 캐나다의 콩 수출량은 중국, 인도, 우루과이, 볼리비아 수출량을 합친 것보다 많다.

④ 수출국 1위와 10위의 수출량은 약 250배 이상 차이난다.

28. 다음은 한 전자제품 회사가 2020년부터 2023년까지 생산한 제품 종류별 생산량과 불량률을 나타낸 표이다. 이 자료를 바탕으로 전체 불량 제품 수가 가장 많은 해는 언제인가?

	스마트폰	태블릿	노트북	전체 불량률
2020년	5,400대	2,100대	1,500대	2%
2021년	5,200대	2,500대	1,700대	1.5%
2022년	5,500대	2,200대	1,800대	1.6%
2023년	5,300대	2,600대	1,600대	1.2%

① 2020년

② 2021년

③ 2022년

④ 2023년

29. 다음은 우리나라의 연도별 생산연령과 고령인구의 비중 추이를 나타낸 자료이다. 다음 자료에서 ⓐ~ⓓ의 값을 모두 합한 값은?

(단위 : %)

구분	1999	2004	2009	2014	2019	2020	2021
유소년 인구	23.0	21.0	ⓑ	16.2	13.9	13.6	13.3
생산연령 인구	71.1	ⓐ	71.6	72.5	ⓒ	72.8	72.5
고령인구	5.9	7.3	9.3	11.3	13.2	13.6	ⓓ

① 135.2
② 154.3
③ 169.1
④ 177.9

30. 다음은 甲국의 청소년 스트레스와 관련한 지표를 조사한 자료이다. 다음 자료를 올바르게 이해한 내용은 어느 것인가?

(단위 : %)

	스트레스 인지율	남자	여자	중학교	고교	우울감 경험률	남자	여자	중학교	고교
2018	42.0	43.4	56.6	47.0	53.0	32.8	44.9	55.1	47.25	52.75
2019	41.9	42.6	57.4	47.1	52.9	30.5	44.8	55.2	47.8	52.2
2020	41.4	42.5	57.5	47.7	52.3	30.9	44.1	55.9	48.1	51.9
2021	37.0	43.6	56.4	46.6	53.4	26.7	46.2	53.8	47.8	52.2
2022	35.4	44.0	56.0	46.5	53.5	23.6	45.3	54.7	47.0	53.0
2023	37.4	42.8	57.2	46.6	53.4	25.5	45.5	54.5	47.5	52.5
2024	37.2	42.9	57.1	47.2	52.8	25.1	45.0	55.0	48.6	51.4

① 2022년까지 스트레스 인지율과 우울감 경험률은 모두 매년 낮아지고 있다.
② 스트레스 인지율은 매년 여자보다 남자가 높다.
③ 우울감 형성률은 매년 고교보다 중학교가 높다.
④ 스트레스 인지율은 매년 우울감 경험률보다 높다.

31.

92 83 75 68 62 56 ( )

① 50　　　　　　　② 51

③ 52　　　　　　　④ 53

32.

349 365 379 398 418 431 ( )

① 439　　　　　　② 440

③ 441　　　　　　④ 442

33.

3!7=5 4!3=13 6!9=15   7!(　)=18

① 9　　　　　　　② 10

③ 11　　　　　　　④ 12

34.

ㄱ－ㄷ－ㅂ－ㅋ－ㄹ－(　)

① ㄱ　　　　　　　② ㄷ

③ ㅂ　　　　　　　④ ㅋ

35.

<u>10 4 9</u>　　<u>20 6 3</u>　　<u>15 6 4</u>　　<u>5 18 4</u>　　<u>8 3 (　)</u>

① 10　　　　　　　② 11

③ 13　　　　　　　④ 15

36. 다음 중 주화가 선택한 과목은?

- 은지, 주화, 민경이 각자 보충수업으로 서로 다른 과목을 선택하였다.
- 과목은 국어, 영어, 수학이다.
- 은지는 국어를 선택하지 않았다.
- 주화가 민경이는 수학을 선택하였다고 한다.

① 국어
② 영어
③ 수학
④ 알 수 없음

37. 다음에 제시된 명제가 모두 참일 때, 반드시 참이라고 할 수 있는 것은 어느 것인가?

- A와 B는 같은 의자에 앉는다.
- A와 C는 다른 의자에 앉는다.
- D는 혼자 앉는다.
- E는 B와 다른 의자에 앉는다.
- 의자는 총 5개이다.

① E는 혼자 앉는다.
② E는 C와 같은 의자에 앉는다.
③ 한 개의 의자는 비어있다.
④ C는 B와 다른 의자에 앉는다.

38. 다음 중 항상 옳은 것은?

- 오븐을 구매한 사람은 전자레인지를 구매하지 않는다.
- TV를 구매한 사람은 냉장고도 구매한다.
- 전자레인지를 구매한 사람은 믹서도 구매한다.
- 냉장고를 구매한 사람은 오븐을 구매한다.

① 전자레인지를 구매한 사람은 냉장고도 구매한다.
② TV를 구매한 사람은 전자레인지를 구매하지 않는다.
③ 오븐을 구매한 사람은 믹서도 구매한다.
④ 믹서를 구매한 사람은 TV 구매한다.

39. 다음을 통해 엘리베이터에서 3번째로 내리는 사람은 누구인가?

- 엘리베이터에 甲, 乙, 丙, 丁, 戊가 타고 있으며 각 층에서 한 명씩 내린다.
- 甲은 丁이 내린 다음 층에 내린다.
- 丙은 乙보다 나중에 내린다.
- 乙은 甲보다 먼저 내린다.
- 戊가 내릴 때 한 사람만 남아 있다.

① 甲
② 乙
③ 丙
④ 丁

40. 다음 제시된 조건이 전부 참일 때, 항상 참인 것을 고르시오.

- 야구 경기는 매일 진행된다.
- 강수 확률이 80% 이상이면 야구 경기가 취소된다.
- 야구 경기가 취소되면 甲은 영화를 보러 간다.
- 甲은 반드시 윤아와 함께 영화를 본다.
- 甲은 어제 영화를 보지 않았다.

① 어제는 야구 경기가 정상적으로 진행되었다.
② 윤아는 어제 영화를 보았다.
③ 어제 강수 확률이 80% 이상이었다.
④ 오늘은 야구 경기가 취소될 것이다.

41. 어느 기업의 부장진급시험에서 A, B, C, D, E, F, G 7명 중 2명만 부장으로 진급했다. 사원 1~4가 부장진급시험에 대해 알고 있는 정보를 다음과 같이 이야기하였다. 다음 중 확실히 부장으로 진급한 사람은?

> 사원 1 : A, B, C, D 중에서 1명밖에 진급하지 못했다더라.
> 사원 2 : B, G는 모두 떨어졌다던데?
> 사원 3 : E도 떨어졌데.
> 사원 4 : B, C, D 중 1명만 진급했고, E, F, G 중 1명만 진급했더라고.

① A 　　　　　② C
③ D 　　　　　④ F

42. 다음 중 항상 옳은 것은?

> • 투수 A는 모자를 한 번 만지면 체인지업을 던진다.
> • 타자 B는 투수 A가 체인지업을 던지면 스윙을 하지 않는다.
> • 타자 B는 풀카운트 상황에서는 반드시 스윙을 한다.

① 투수 A는 모자를 한 번 만지고 체인지업을 던지지 않을 수도 있다.
② 풀카운트 상황에서 타자 B는 투수 A가 모자를 만지더라도 스윙을 한다.
③ 타자 B가 스윙을 하면 풀카운트 상황임을 알 수 있다.
④ 타자 B가 스윙을 하지 않으면 투수 A가 체인지업을 던졌기 때문이다.

43. 다음은 수도권 甲시의 건물들의 높이를 비교한 내용이다. 가장 높은 건물과 가장 낮은 건물을 바르게 짝지은 것은?

> • ○○타워는 甲시에서 가장 높은 건물로 유명하다.
> • ◇◇시티는 △△타워보다는 낮다.
> • ◎◎빌딩은 △△타워보다는 높다.

① ◎◎빌딩, ◇◇시티
② ○○타워, ◇◇시티
③ ◎◎빌딩, △△타워
④ ○○타워, △△타워

│44 ~ 45│ 다음 도형들의 일정한 규칙을 찾아 ? 표시된 부분에 들어갈 도형을 고르시오.

44.

① 　　　　②

③ 　　　　④

45.

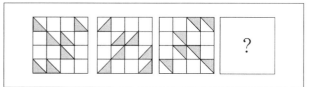

① 　②

③ 　④

대전광역시교육청 교육공무직원 기출통합 모의고사

성 명

직업기초능력평가

번호	①	②	③	④		번호	①	②	③	④		번호	①	②	③	④
1	①	②	③	④		21	①	②	③	④		41	①	②	③	④
2	①	②	③	④		22	①	②	③	④		42	①	②	③	④
3	①	②	③	④		23	①	②	③	④		43	①	②	③	④
4	①	②	③	④		24	①	②	③	④		44	①	②	③	④
5	①	②	③	④		25	①	②	③	④		45	①	②	③	④
6	①	②	③	④		26	①	②	③	④						
7	①	②	③	④		27	①	②	③	④						
8	①	②	③	④		28	①	②	③	④						
9	①	②	③	④		29	①	②	③	④						
10	①	②	③	④		30	①	②	③	④						
11	①	②	③	④		31	①	②	③	④						
12	①	②	③	④		32	①	②	③	④						
13	①	②	③	④		33	①	②	③	④						
14	①	②	③	④		34	①	②	③	④						
15	①	②	③	④		35	①	②	③	④						
16	①	②	③	④		36	①	②	③	④						
17	①	②	③	④		37	①	②	③	④						
18	①	②	③	④		38	①	②	③	④						
19	①	②	③	④		39	①	②	③	④						
20	①	②	③	④		40	①	②	③	④						

수 험 번 호

⓪	⓪	⓪	⓪	⓪	⓪	⓪	⓪	⓪
①	①	①	①	①	①	①	①	①
②	②	②	②	②	②	②	②	②
③	③	③	③	③	③	③	③	③
④	④	④	④	④	④	④	④	④
⑤	⑤	⑤	⑤	⑤	⑤	⑤	⑤	⑤
⑥	⑥	⑥	⑥	⑥	⑥	⑥	⑥	⑥
⑦	⑦	⑦	⑦	⑦	⑦	⑦	⑦	⑦
⑧	⑧	⑧	⑧	⑧	⑧	⑧	⑧	⑧
⑨	⑨	⑨	⑨	⑨	⑨	⑨	⑨	⑨

대전광역시 교육청
교육공무직원
제3회 모의고사

성명		생년월일	
문제 수(배점)	45문항	풀이시간	/ 50분
영역	직무능력검사		
비고	객관식 4지선다형		

- 문제지 및 답안지의 해당란에 문제유형, 성명, 응시번호를 정확히 기재하세요.
- 모든 기재 및 표기사항은 "컴퓨터용 흑색 수성 사인펜"만 사용합니다.
- 예비 마킹은 중복 답안으로 판독될 수 있습니다.

1. 다음 빈칸에 들어갈 말로 적절한 것은?

보리 : 맥주 = 우유 : ( )

① 쥐포 　　　　② 치즈
③ 주스 　　　　④ 민트

2. 다음 중 제시된 단어가 나타내는 뜻을 모두 포괄할 수 있는 단어는?

경작하다/묶다/맺다/저술하다

① 짓다 　　　　② 헐다
③ 매다 　　　　④ 두다

3. 다음 중 나머지 세 개의 단어의 의미로 사용될 수 있는 단어를 고르시오.

① 합격하다 　　　② 따르다
③ 기대다 　　　　④ 붙다

4. 다음 밑줄 친 단어와 같은 의미로 쓰인 것은?

적어 둔 편지는 결국 부치지 못했다

① 제사에 쓰려고 부쳐 놓은 전을 누가 다 먹어버렸다.
② 조금만 뛰어도 힘이 부치는 건 어쩔 수 없었다.
③ 어머니는 매주 자식들에게 반찬을 부치느라 바빴다.
④ 극비에 부친 내용이었지만 어느새 회사 사람들이 전부 알고 있었다.

5. 다음 중 빈칸에 공통으로 들어갈 말로 적절한 것을 고르시오.

• 너무 더워서 목이 ( ).
• 커피를 ( ).
• 마음이 몹시 ( ).
• 모형비행기가 바람을 ( ).

① 마르다 　　　　② 섞다
③ 달다 　　　　　④ 타다

6. 다음 밑줄 친 부분이 표준어인 것은

① 해질녘의 하늘을 바라보며 당신을 생각했다.
② 수저 위에 강남콩을 한가득 골라냈다.
③ 그저 여느 때와 같은 날이었다.
④ 그는 허위대만 멀쩡하지 잘하는 것이 하나도 없었다.

7. 다음 밑줄 친 부분과 문맥적 의미가 가장 가까운 것은?

> 그는 비가 쏟아지는 데도 운동을 가겠다고 했다.

① 네가 올 때쯤엔 영화가 끝나있겠지.
② 합주단의 공연이 있겠습니다.
③ 마지막엔 내가 먹겠어.
④ 네가 해주면 고맙겠어.

8. 다음에 제시된 외래어 표기가 모두 옳은 것은?

① 스탬프, 플래쉬, 쇼핑
② 지그재그, 브릿지, 잉크
③ 로브스터, 콘셉트, 로봇
④ 브라우스, 플래카드, 뷔페

9. 다음 주어진 글을 흐름에 맞게 배열한 것은?

> ㉠ 나노기술이나 유전자조합기술을 기술이라 부를 수 있는 이유는 둘 다 고도의 지성의 산물인 현대과학이 그 안에 깊게 개입해 있기 때문이다.
> ㉡ 가령, 본능적으로 개미집을 만드는 개미의 재주 같은 것은 기술이 아니다.
> ㉢ 기술은 반드시 물질로 구현되는 것이어야 한다는 말은 맞지만 그렇게 구현되는 것들을 모두 기술이라고 부를 수는 없다.
> ㉣ 기술로 인정되려면 그 안에 지성이 개입해 있어야 한다.

① ㉠→㉣→㉡→㉢
② ㉡→㉢→㉣→㉠
③ ㉢→㉡→㉣→㉠
④ ㉢→㉠→㉣→㉡

10. 다음 글의 주된 논지는?

> 우리는 아침에 눈을 뜨고 세수를 하고, 커피를 마시고, 집을 나선다. 별 생각 없이 반복되는 일들이지만, 이 반복성은 삶을 일정하게 유지하게 해준다. 사람들은 이러한 일상의 흐름을 '습관'이라 부른다. 습관은 결정의 부담을 줄여주고, 행동을 빠르고 효율적으로 만들어주기 때문에 매우 유용하다.
>
> 그런데 문제는, 습관에 익숙해질수록 그것이 실제로는 '선택된' 것인지조차 잊게 된다는 점이다. 우리는 마치 오랜 시간 타인과 함께 살아온 탓에 그 사람이 우리인지 타인인지 헷갈리는 것처럼, 습관과 자아를 혼동하기도 한다. 자유의지는 단순히 "하고 싶은 것을 하는 것"이 아니다. 오히려 자유의지는 "왜 그것을 하려고 하는지에 대한 인식"에서 출발한다. 그러나 많은 사람들이 오늘도 어제와 같은 방식으로 말하고, 행동하고, 결정한다. 그 반복이 잘못된 건 아니지만, 그것이 깨어 있는 선택이 아니라면, 우리는 과연 스스로의 삶을 선택하고 있다고 말할 수 있을까? 자유는 늘 선택과 질문을 동반한다. 반면 습관은 우리를 자동운전처럼 편안하게 이끌어준다.
>
> 익숙한 방식으로 하루를 반복하면서도, 그 선택이 내가 인식한 결과인지, 아니면 단지 익숙함에 의한 반사적 반응인지조차 모르는 삶을 살 수도 있다. 그러나 '익숙함'이 반드시 문제는 아니다. 익숙함 속에서도 스스로의 선택을 자각하려는 태도는 유지될 수 있다. 반복은 무기력이 아니라 성찰의 계기가 될 수도 있다.
>
> 그렇기에 자유로운 삶이란, 모든 것을 바꾸는 삶이 아니라 익숙한 일상 속에서 선택의 자각을 놓치지 않으려는 태도에 가깝다.

① 습관은 인간의 삶을 방해하는 요소로, 자유의지를 유지하려면 철저히 제거해야 한다.
② 자유는 즉흥적인 본능에 따르는 것이며, 습관은 인간의 자연스러운 상태다.
③ 반복된 일상도 자각 속에서 선택된다면 자유의 범주에 포함될 수 있다.
④ 인간은 습관을 따를수록 자유의지에서 멀어지며, 반복은 무조건 억제되어야 한다.

(   ) 창의
적이고 생산적인 활동에는 당연히 사고 작용이 따르기 때문
이다. 역으로, 말을 하고 난 뒤에나 글을 쓰고 난 뒤에 그
과정을 되돌아보면서 새로운 생각을 하거나 발전된 생각을
얻기도 한다. 또한 청자나 독자의 반응을 통해 자신의 생각
을 바꾸거나 확신을 가지기도 한다. 이처럼 사고와 표현 활
동은 지속적으로 상호 작용을 하게 된다.

사고와 표현 활동은 상호 작용을 하면서 각각의 능력을
상승시킨다는 점을 적극적으로 고려할 필요가 있다. 머릿속
에서 이루어진 사고 활동의 내용을 구체적으로 말이나 글로
표현해 보면 부족하거나 개선할 점들을 찾을 수 있게 되고
이후에 좀 더 조직적으로 사고하는 습관도 생긴다. 한편 표
현 활동을 하다 보면 어휘 선택, 내용 조직 등의 과정에서
어려움을 느끼게 된다. 이러한 어려움을 해결하기 위해 그
에 대해 논리적이고 체계적으로 생각해 보게 되고 이를 통
해 표현 능력이 향상된다. 이렇게 사고력과 표현력은 상호
협력의 밀접한 연관을 맺고 있다.

흔히 좋은 글을 쓰기 위한 조건으로 '다독(多讀), 다작(多
作), 다상량(多商量)'을 들기도 하는데, 많이 읽고, 많이 써
보고, 많이 생각하다 보면 좋은 글을 쓸 수 있다는 뜻이다.
여기에서 '다상량'은 충분한 사고 활동을 의미한다. 이는 물
론 말하기에도 적용되는 것으로 표현 활동과 사고 활동의
관련성을 잘 말해 주고 있다.

11. 다음 글의 주제와 가장 가까운 것은?

① 조직적인 사고를 위해서는 표현을 해야 한다.

② 사고 활동과 표현 활동은 상호 협력적인 관계를 맺고
있다.

③ 좋은 글을 쓰는 방법은 여러 가지가 있다.

④ 글을 쓸 때에는 독자의 반응을 반영하는 것이 중요하다.

12. 주어진 글의 빈칸에 들어갈 문장으로 적절한 것은?

① 행동과 사고의 선후관계는 명확하다.

② 사고 작용을 하는 것보다 생산적인 활동을 하는 것이
문제해결에 효율적이다.

③ 말을 하고 글을 쓰는 표현 행위는 사고 활동과 분리해
서 생각할 수 없다.

④ 사고 과정에는 사고의 시작이 되는 사건이 선행된다.

13. 다음 글에 대한 이해로 적절하지 않은 것은?

한국 건축은 '사이'의 개념을 중요시한다. 그리고 '사이'의 크기는 기능과 사회적 위계에 영향을 받는다. 또한 공간, 시간, 인간 모두를 '사이'의 한 종류로 보기도 한다. 서양의 과학적 사고가 물체를 부분들로 구성되었다고 보고 불변하는 요소들을 분석함으로써 본질 파악을 추구하였다면, 동양은 사이 즉, 요소들 간의 관련성에 초점을 두고, 거기에서 가치와 의미의 원천을 찾았던 것이다. 서양의 건축이 내적 구성, 폐쇄적 조직을 강조한 객체의 형태를 추구했다면, 동양의 건축은 그보다 객체의 형태와 그것이 놓이는 상황 및 자연환경과의 어울림을 통해 미를 추구하였던 것이다.

동양의 목재 가구법(낱낱의 재료를 조립하여 구조물을 만드는 법)에 의한 건축 구성 양식에서 '사이'의 중요성을 알 수 있다. 이 양식은 조적식(돌·벽돌 따위를 쌓아 올리는 건축 방식)보다 환경에 개방적이고, 우기에도 환기를 좋게 할 뿐 아니라 내·외부 공간의 차단을 거부하고 자연과의 대화를 늘 강조한다. 그로 인해 건축이 무대나 액자를 설정하고 자연이 끝을 내 주는 기분을 느끼게 한다.

① 동양과 서양 건축의 차이를 요소들 간의 관련성으로 설명하고 있다.
② 동양의 건축 재료로 석재보다 목재가 많이 쓰인 이유를 알 수 있다.
③ 한국 건축에서 '사이'의 개념은 공간, 시간, 인간 모두를 포함하고 있다.
④ 동양의 건축은 자연환경에 개방적이지만 인공조형물에 대해서는 폐쇄적이다.

14. 다음 중 (A)가 들어갈 위치로 가장 적절한 것은?

(A) 일어난 일에 대한 묘사는 본 사람이 무엇을 중요하게 판단하고, 무엇에 흥미를 가졌느냐에 따라 크게 다르다.

기억이 착오를 일으키는 프로세스는 인상적인 사물을 받아들이는 단계부터 이미 시작된다. (가) 감각적인 지각의 대부분은 무의식중에 기록되고 오래 유지되지 않는다. (나) 대개는 수 시간 안에 사라져 버리며, 약간의 본질만이 남아 장기 기억이 된다. 무엇이 남을지는 선택에 의해서이기도 하고, 그 사람의 경해에 따라서도 달라진다. (다) 분주하고 정신이 없는 장면을 보여 주고, 나중에 그 모습에 대해서 이야기하게 해 보자. (라) 어느 부분에 주목하고, 또 어떻게 그것을 해석했는지에 따라 즐겁기도 하고 무섭기도 하다. 단순히 정신 사나운 장면으로만 보이는 경우도 있다. 기억이란 원래 일어난 일을 단순하게 기록하는 것이 아니다.

① (가)
② (나)
③ (다)
④ (라)

15. 다음 글에서 ㉠과 ㉡에 들어갈 접속사로 옳은 것은?

> 들뢰즈가 말하는 '차이'란 두 대상을 정태적으로 비교해서 나오는 어떤 것이 아니라 두 대상이 만나고 섞임으로써 '생성'되는 것이다. (㉠) '달리기를 잘하는 사람(A)'과 '자동차(B)'가 있다고 가정해 보자. A는 원래 땅 위를 달리며, 달리기와 관련된 근육이 발달되어 있었을 것이다. 그런데 A가 달리기 대신 B를 오랫동안 반복적으로 운전한다면 어떻게 될까? A는 달리는 근육 대신 브레이크나 엑셀을 밟는 근육이 발달한 것이다. A는 땅과 자동차 중 어느 것과 관계를 맺느냐에 따라 이전의 A와는 다른 차이를 지니게 된다. (㉡) 그 차이는 A에게 '자동차 운전을 잘하게 된 사람'이라는 새로운 의미를 부여하게 되는데, 이것이 바로 '생성'이다.

① ㉠ : 예컨대 ㉡ : 그러나

② ㉠ : 그럼에도 ㉡ : 하지만

③ ㉠ : 예를 들면 ㉡ : 그리고

④ ㉠ : 게다가 ㉡ : 즉

16. A, B 두 사람이 탁구 시합을 할 때, 총 다섯 세트 중 한 사람이 먼저 세 세트를 이기거나 연속하여 두 세트를 이기면 승리하기로 한다. 각 세트에서 A가 이길 확률은 $\frac{1}{3}$ 이고, B가 이길 확률은 $\frac{2}{3}$ 이다. 첫 세트에서 A가 이겼을 때, 이 시합에서 A가 승리할 확률은 $\frac{q}{p}$ 이다. $p+q$ 의 값을 구하시오. (단, p 와 q 는 서로소인 자연수이다.)

① 104

② 109

③ 115

④ 118

17. 14명의 직원이 점심 메뉴를 다음과 같이 하나씩 선택하였다.

돈까스	제육볶음	연어덮밥
3명	5명	6명

14명의 직원 중에서 임의로 뽑은 3명이 선택한 메뉴가 모두 같을 때, 그 메뉴가 돈까스이거나 제육볶음일 확률은?

① $\frac{13}{31}$

② $\frac{15}{31}$

③ $\frac{17}{31}$

④ $\frac{11}{31}$

18. 4%의 소금물과 10%의 소금물을 섞은 후 물을 더 부어 4.5%의 소금물 200g을 만들었다. 10%의 소금물의 양과 더 부은 물의 양이 같다고 할 때, 4% 소금물의 양은 몇 g인가?

① 100g   ② 105g

③ 110g   ④ 120g

19. 찬수네 가게는 원가가 14,000원인 제품 A 30개와 원가가 12,000원인 제품 B 50개를 판매하려고 한다. 제품 A의 정가를 원가의 15%의 이익이 있게 책정하고 제품 A, B의 총 판매 순수익이 같도록 제품 B의 정가를 정하려고 할 때, 제품 B의 이윤율은 얼마로 해야 하는가?

① 10%   ② 10.5%

③ 11%   ④ 11.5%

20. A기업에서는 매년 3월에 정기 승진 시험이 있다. 시험을 치른 사람이 남자사원, 여자사원을 합하여 총 100명이고 시험의 평균이 남자사원은 72점, 여자사원은 76점이며 남녀 전체 평균은 73점일 때 시험을 치른 여자사원의 수는?

① 25명   ② 30명

③ 35명   ④ 40명

21. 다음 식을 계산하여 빈칸에 들어갈 숫자를 구하시오.

$$\frac{12}{27} \times 3^{-2} \div \frac{4}{9} + \frac{17}{9}$$

① 1   ② 2

③ 3   ④ 4

┃22 ～ 23┃ 주어진 수의 대소 관계를 바르게 비교한 것을 고르시오.

22.

$A = \dfrac{\sqrt{37}}{7}$	$B = \dfrac{\sqrt{34}}{6}$

① A < B   ② A = B

③ A > B   ④ 알 수 없다

23.

$A : 0.2$	$B : \dfrac{2}{11}$

① A > B   ② A < B

③ A = B   ④ 알 수 없다.

24. 다음은 각 기업별 전자제품 매출액에 관한 자료이다. 총매출액이 높은 순서대로 바르게 나열한 것은?

구분 \ 기업	전자제품 매출액	전년 대비 증가율	총매출액	전자제품 매출액 비율
A	72.9	17.8	( )	81.0
B	62.4	29.7	( )	100.0
C	54.2	28.7	( )	63.2
D	32.1	14.2	( )	57.4

※ 전자제품 매출액 비율(%) = $\dfrac{\text{전자제품 매출액}}{\text{총 매출액}} \times 100$

① A → C → B → D

② A → B → C → D

③ C → A → D → B

④ C → B → A → D

▌25 ~ 26 ▌ 다음 표는 2020년과 2021년 정부창업지원금 신청자를 대상으로 직업과 창업단계를 조사한 자료이다. 물음에 답하시오.

〈표1〉 정부창업지원금 신청자의 직업 구성

(단위 : 명, %)

직업	2020년		2021년		합계	
	인원	비율	인원	비율	인원	비율
교수	34	4.2	183	12.5	217	9.6
연구원	73	9.1	118	8.1	191	8.4
대학생	17	2.1	74	5.1	91	4.0
대학원생	31	3.9	93	6.4	124	5.5
회사원	297	37.0	567	38.8	864	38.2
기타	350	43.6	425	(㉠)	775	34.3
계	802	100.0	1,460	100.0	2,262	100.0

〈표2〉 정부창업지원금 신청자의 창업단계

(단위 : 명, %)

창업단계	2020년		2021년		합계	
	인원	비중	인원	비중	인원	비중
예비창업단계	79	9.9	158	10.8	237	10.5
기술개발단계	291	36.3	668	45.8	959	42.4
시제품 제작단계	140	17.5	209	14.3	349	15.4
시장진입단계	292	36.4	425	29.1	717	31.7
계	802	100.0	1,460	100.0	2,262	100

25. 위의 표에 대한 설명으로 옳지 않은 것은?

① '기타'를 제외하고 2020년 정부창업지원금 신청자의 직업이 가장 높은 비율을 차지하는 것은 회사원이다.

② 〈표2〉에서 2020년에 비해 2021년에 인원은 늘어났으나 비율이 감소한 단계는 시제품 제작단계 뿐이다.

③ 2021년에는 기술개발단계에 있는 신청자의 인원수가 가장 많았다.

④ 2020년에 정부창업지원금 신청자의 인원수는 교수가 대학생의 두 배이다.

26. 복수응답과 무응답이 없다고 할 때, ㉠에 알맞은 것은?

① 25.1   ② 29.1

③ 34.1   ④ 39.1

27. A, B, C 직업을 가진 부모 세대 각각 200명, 300명, 400명을 대상으로 자녀도 동일 직업을 갖는지 여부를 물은 설문조사 결과가 다음과 같았다. 다음 조사 결과를 올바르게 해석한 설명을 〈보기〉에서 모두 고른 것은 어느 것인가?

〈세대 간의 직업 이전 비율〉

(단위 : %)

부모 직업 \ 자녀 직업	A	B	C	기타
A	35	20	40	5
B	25	25	35	15
C	25	40	25	10

* 한 가구 내에서 부모의 직업은 따로 구분하지 않으며, 모든 자녀의 수는 부모 당 1명이라고 가정한다.

〈보기〉

㈎ 부모와 동일한 직업을 갖는 자녀의 수는 C직업이 A직업보다 많다.

㈏ 부모의 직업과 다른 직업을 갖는 자녀의 비중은 B와 C직업이 동일하다.

㈐ 응답자의 자녀 중 A직업을 가진 사람은 B직업을 가진 사람보다 더 많다.

㈑ 기타 직업을 가진 자녀의 수는 B직업을 가진 부모가 가장 많다.

① ㈏, ㈐, ㈑

② ㈎, ㈏, ㈑

③ ㈎, ㈐, ㈑

④ ㈎, ㈏, ㈐

28. 다음은 가축동향조사 자료이다. 자료에 대한 설명으로 옳지 않은 것은?

〈종류별 가축의 사육두수〉

(단위 : 천마리)

가축	2020년 4분기	2021년 4분기	2022년 4분기	2023년 1분기	2023년 2분기	2023년 3분기	2023년 4분기
A	10,090	10,187	10,367	10,328	10,432	10,782	10,514
B	3,028	2,909	2,963	2,885	3,034	3,120	2,997
C	156,410	164,131	170,147	141,382	172,743	160,154	170,551
D	445	428	418	416	414	411	409
E	7,539	9,772	8,109	5,570	6,460	6,987	7,530

〈종류별 가축의 사육가구수〉

(단위 : 가구)

가축	2020년 4분기	2021년 4분기	2022년 4분기	2023년 1분기	2023년 2분기	2023년 3분기	2023년 4분기
A	5,177	4,909	4,574	4,585	4,537	4,545	4,406
B	116,441	106,505	102,194	101,121	100,320	99,513	98,432
C	2,989	3,004	2,993	2,575	3,205	2,957	2,969
D	6,847	6,979	6,822	6,766	6,759	6,578	6,596
E	605	722	566	390	469	508	510

① 2023년 분기별 가축 E의 사육두수와 사육가구수의 증감추이가 같다.
② 가축 D의 사육가구수는 조사기간 동안 항상 6,000가구 이상이었다.
③ 가축 B의 가축의 사육두수가 가장 적을 때 사육가구수도 가장 적다.
④ 가축 D의 사육두수와 가축 A의 사육가구수가 가장 큰 시기가 같다.

29. 다음은 지역별 방과후 학습 참여 인원을 조사한 자료이다. ⓐ~ⓓ까지 들어갈 수로 옳지 않은 것은?

지역별	참여	미참여	합계
A		556	2,256
B	797	361	ⓐ
C	ⓑ	433	1,637
D	986	399	1,385
E	1,451	ⓒ	2,081
F		ⓓ	607
합계	6,542	2,582	9,124

① ⓐ－1,158
② ⓑ－1,204
③ ⓒ－630
④ ⓓ－213

30.

다음은 전염병 발생 현황에 대한 자료이다. 이에 대한 설명 중 옳지 않은 것은?

〈전염병 발생 현황〉

(단위 : 건)

	2019	2020	2021	2022	2023	2024	합계
콜레라	3	0	3	0	0	4	10
장티푸스	148	129	156	( )	121	( )	926
파라티푸스	56	( )	54	37	( )	56	305
세균성이질	171	90	294	110	88	( )	866
장출혈성 대장균 감염증	71	58	61	111	71	( )	476
A형 간염	( )	1,197	( )	1,307	1,804	4,679	15,375
합계	5,970	1,532	1,435	1,816	2,128	5,077	17,958

① 콜레라가 발생하지 않은 해에는 장티푸스 발생건이 모두 100건을 넘는다.

② 조사기간동안 파라티푸스 발생건이 50건 이상인 해는 총 4개년이다.

③ 2019년부터 A형 간염 발생건은 꾸준히 증가하고 있다.

④ 2024년에는 콜레라, 파라티푸스를 제외한 법정전염병의 발생건은 100건을 넘는다.

| 31~35 | 다음 제시된 배열을 보고 규칙을 적용하여 빈칸에 들어갈 문자를 고르시오.

31.

> 3　5　8　13　21　34　( )　89

① 45　　② 55
③ 65　　④ 75

32.

> 11　17　29　53　101　197　( )

① 358　　② 374
③ 389　　④ 392

33.

> A － C － G － M － ( )

① F　　② I
③ Q　　④ U

34.

> 3$5＝4　5$6＝19　6$11＝25　4$5＝( )

① 10　　② 11
③ 12　　④ 13

35.

> 2%7＝8　3%8＝7　8%7＝4　5%11＝( )

① 5　　② 4
③ 3　　④ 2

36. 다음 제시된 전제에 따라 결론을 바르게 추론한 것을 고르시오.

> • 만약 지금 바람이 분다면 깃발이 펄럭일 것이다.
> • 지금 깃발이 펄럭이고 있다.
> • 그러므로 _____

① 지금 바람이 불고 있다.
② 지금 바람이 불지 않을 것이다.
③ 조금 전에 바람이 불었다.
④ 지금 바람이 부는지 알 수 없다.

37. 다음 문제의 〈보기 1〉을 보고 〈보기 2〉에 제시된 문장의 참·거짓, 알 수 없음을 판단하면?

> 〈보기 1〉
> • 甲은 乙과 만나는 날에 항상 강아지를 데려온다.
> • 乙은 강아지 털 알레르기가 있다.
> • 乙은 강아지를 만나면 알레르기 약을 먹는다.
> • 乙은 오늘 알레르기 약을 먹지 않았다.

> 〈보기 2〉
> 乙은 오늘 甲을 만나지 않았다.

① 참
② 거짓
③ 알 수 없음

38. 다음에 제시된 명제가 모두 참일 때, 반드시 참이라고 할 수 있는 것은 어느 것인가?

> • A사의 3G는 와이파이보다 빠르다.
> • A, B사의 4G는 A사의 3G보다 빠르다.
> • C사의 3G는 와이파이보다 느리다.
> • 4G는 B사가 A사보다 빠르다.

① 3G는 B사가 가장 빠르다.
② 4G는 B사가 가장 빠르다.
③ 3G는 C사가 가장 느리다.
④ 어떤 3G는 와이파이보다 빠르다.

39. 다음 상황에서 진실을 얘기하고 있는 사람이 한 명 뿐일 때 총을 쏜 범인과 진실을 이야기 한 사람으로 바르게 짝지어진 것은?

> 어느 아파트 옥상에서 한 남자가 총에 맞아 죽은 채 발견됐다. 그의 죽음을 조사하기 위해 형사는 피해자의 사망시각에 아파트 엘리베이터의 CCTV에 찍혔던 용의자 A, B, C, D 네 남자를 연행하여 심문하였는데 이들은 다음과 같이 진술하였다.
> A : B가 총을 쐈습니다. 내가 봤어요.
> B : C와 D는 거짓말쟁이입니다. 그들의 말은 믿을 수 없어요!
> C : A가 한 짓이 틀림없어요. A와 그 남자는 사이가 아주 안 좋았단 말입니다.
> D : 내가 한 짓이 아니에요. 나는 그 남자를 죽일 이유가 없습니다.

① 범인 : A, 진실 : C   ② 범인 : B, 진실 : A
③ 범인 : C, 진실 : D   ④ 범인 : D, 진실 : B

40. 다음을 읽고, 요리 경연대회를 한 'A~D' 중 2등을 한 사람은 누구인가?

- C는 A보다 낮은 등수를 받았다.
- B는 D보다 높은 등수를 받았다.
- A는 B보다 높은 등수를 받았다.
- C는 D보다 낮은 등수를 받았다.

① A   ② B

③ C   ④ D

41. 다음의 제시된 전제에 따라 결론을 바르게 추론한 것을 고르시오.

- 조깅을 좋아하는 사람은 음악을 좋아한다.
- 음악을 좋아하는 사람은 무선 이어폰을 사용한다.
- 한결이는 조깅을 좋아한다.
- 그러므로 _____

① 한결이는 아침에 일찍 일어나는 편이다.

② 한결이는 주로 클래식을 듣는다.

③ 한결이는 무선 이어폰을 사용한다.

④ 한결이는 무선 이어폰을 사용할 줄 모른다.

42. 다음 중 항상 옳은 것은? 지하철 이용과 관련한 다음 명제들을 통해 추론한 설명으로 올바른 것은 어느 것인가?

- 1호선을 타 본 사람은 2호선도 타 보았다.
- 2호선을 타 본 사람은 5호선도 타 보았다.
- 5호선을 타 본 사람은 3호선을 타 보지 않았다.
- 3호선을 타 본 사람은 4호선을 타 보지 않았다.

① 5호선을 타 보지 않은 사람은 1호선을 타 보았다.

② 3호선을 타 본 사람은 1호선을 타 보지 않았다.

③ 4호선을 타 보지 않은 사람은 5호선을 타 보았다.

④ 2호선을 타 본 사람은 4호선을 타 보았다.

43. 제시된 보기가 모두 참일 때, 다음 중 옳은 것은?

- 음악을 들으면 신이 난다.
- 유나는 신이 나면 어떤 잘못도 용서해준다.
- 재준이는 유나가 가장 아끼는 접시를 깨뜨렸다.

① 유나의 접시는 같은 것으로 구매할 수 없다.

② 재준이는 유나가 음악을 들을 때 용서를 빌면 용서받을 수 있다.

③ 유나는 지금 음악을 듣고 있지 않다.

④ 재준이는 유나에게 한시라도 빠르게 용서를 구해야 한다.

44.

$\frac{1}{2}$	$\frac{1}{3}$	$\frac{4}{3}$	$\frac{2}{5}$	?	$\frac{8}{5}$
4	1	2	$\frac{5}{4}$	$\frac{7}{8}$	$\frac{3}{2}$

① $\frac{4}{7}$

② $\frac{9}{7}$

③ 1

④ 2

45. 다음 ?에 들어갈 알맞은 숫자를 고르시오.

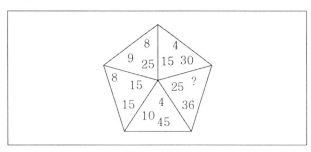

① 4

② 3

③ 2

④ 1

대전광역시교육청 교육공무직원 기출동형 모의고사

성명

직업기초능력평가

문번	①	②	③	④	문번	①	②	③	④	문번	①	②	③	④
1	①	②	③	④	21	①	②	③	④	41	①	②	③	④
2	①	②	③	④	22	①	②	③	④	42	①	②	③	④
3	①	②	③	④	23	①	②	③	④	43	①	②	③	④
4	①	②	③	④	24	①	②	③	④	44	①	②	③	④
5	①	②	③	④	25	①	②	③	④	45	①	②	③	④
6	①	②	③	④	26	①	②	③	④					
7	①	②	③	④	27	①	②	③	④					
8	①	②	③	④	28	①	②	③	④					
9	①	②	③	④	29	①	②	③	④					
10	①	②	③	④	30	①	②	③	④					
11	①	②	③	④	31	①	②	③	④					
12	①	②	③	④	32	①	②	③	④					
13	①	②	③	④	33	①	②	③	④					
14	①	②	③	④	34	①	②	③	④					
15	①	②	③	④	35	①	②	③	④					
16	①	②	③	④	36	①	②	③	④					
17	①	②	③	④	37	①	②	③	④					
18	①	②	③	④	38	①	②	③	④					
19	①	②	③	④	39	①	②	③	④					
20	①	②	③	④	40	①	②	③	④					

수험번호

⓪	⓪	⓪	⓪	⓪	⓪	⓪	⓪	⓪
①	①	①	①	①	①	①	①	①
②	②	②	②	②	②	②	②	②
③	③	③	③	③	③	③	③	③
④	④	④	④	④	④	④	④	④
⑤	⑤	⑤	⑤	⑤	⑤	⑤	⑤	⑤
⑥	⑥	⑥	⑥	⑥	⑥	⑥	⑥	⑥
⑦	⑦	⑦	⑦	⑦	⑦	⑦	⑦	⑦
⑧	⑧	⑧	⑧	⑧	⑧	⑧	⑧	⑧
⑨	⑨	⑨	⑨	⑨	⑨	⑨	⑨	⑨

대전광역시교육청
교육공무직원
기출동형 모의고사

- 정답 및 해설 -

1 ②
① 따로따로 갈라놓는 일
② 목표나 기준에 맞고 안 맞음을 헤아리는 일
③ 본디 것을 대신하는 일
④ 보기 좋을 정도로 조금 가늘고 긴 듯함

2 ③
• 바깥바람이 차다(=차갑다).
• 공연장이 차다(=가득하다).
• 마음에 차다(=들다).
• 팔찌를 차다(=지니다).

3 ②
일축 … 제안이나 부탁 따위를 단번에 거절하거나 물리침
② **승낙** : 청하는 바를 들어줌
① **단축** : 시간이나 거리 따위가 짧게 줄어듦. 또는 그렇게 줄임
③ **유치** : 행사나 사업 따위를 이끌어 들임
④ **일체** : 모든 것, '전부' 또는 '완전히'의 뜻을 나타내는 말

4 ③
① 안정(安定)
② 현상(現象)
④ 주인(主人)

5 ④
'어떤 모양이나 상태와 같이'라는 뜻으로 의존 명사로 쓰인 '대로'는 앞 관형절 '이끄는'과 띄어 써야 한다. '밖에'는 '그것 말고는', '그것 이외에는', '기꺼이 받아들이는', '피할 수 없는'의 뜻을 나타내는 보조사로 쓰여 명사 '수'와 붙여 썼다.
① 태권도에서 만큼은 → 태권도에서만큼은 '에서', '만큼', '은' 모두 조사이므로 앞말에 붙여 쓴다.
② '잘되다'+'-어야 → 잘돼야[○], 할텐데 → 할∨텐데 '텐데'는 '터이다'의 활용형 '터인데'의 준말이다. '터'는 의존명사이므로 앞 말과 띄어 쓴다.
③ 5년만인데 → 5년∨만인데
'앞말이 가리키는 동안이나 거리'를 나타내는 의존 명사 '만'은 앞 말과 띄어 써야 한다. '한잔하다'라는 단어는 사전에 등재된 하나의 단어이므로 붙여 쓴다. 이 경우, '한∨잔'의 의미가 아닌 '간단하게 한 차례 차나 술 따위를 마시다'라는 뜻을 가진다.

6 ①
① 쪼개거나 나누어 따로따로 되게 하다.
②④ 물체가 공기나 물을 양옆으로 열며 움직이다.
③ 양쪽으로 열어젖히다.

7 ③
ⓒ 시클리드 물고기 - ⓒ 시클리드의 특성(기분 상태에 따라 색이 변함) - ㉠ 시클리드의 특성②(귀의 점) - ㉣ 시클리드 귀의 점의 의미

8 ③

주어진 글을 보면 냉장고는 당장의 필요 이상의 것들을 소비하도록 만든다고 말하고 있으므로 중심내용은 ③이 적절하다.

9 ②

과거 냉장고가 없던 시기에는 이웃들과 음식을 나눠 먹는 일이 빈번했지만 이제 남은 음식은 냉장고에 보관하게 되었다는 내용이 빈칸의 뒤로 이어지고 있다. 따라서 빈칸에는 ②의 내용이 가장 적절하다.

10 ③

기억은 과거 사실을 단순히 저장하는 것이 아니라, 현재의 감정이나 사회적 맥락에 따라 선택적으로 해석되고 구성되며, 시간이 지나면서 내용이 변형되기도 하는 등 개인의 정체성과 연결된 유동적인 이야기로 작용한다는 것이 중심 내용이다.

11 ③

두괄식 문단은 주제문이 문단 첫머리에 위치하는 것으로 지문의 주제문인 ⓒ이 가장 먼저 와야 한다.
㉠, ㉡, ㉢는 ⓒ을 보여주는 사례에 해당한다.

12 ③

ⓒ의 '그러나' 앞뒤로 내용을 나눠서 볼 수 있다. ㉠과 ㉡은 글쓴이가 말하고자 하는 바와 반대되는 내용으로, ㉠, ㉡을 먼저 제시하고 ⓒ, ㉣로 이를 반박한 후 결론인 ㉤을 이끌어 내고 있다.

13 ④

④ 총의 제도는 회원국 간 정치 · 경제적 영향력의 차이를 보완하기 위해 도입된 제도이다.
① 첫 번째 문장을 통해 알 수 있다.
② 두 번째 단락에서 총의 제도로 인한 문제점과 더불어 해결 방안으로 모색되어진 방식을 제시하고 있다.
③ 총의 제도에 따르면 회원국이 의사결정 회의에 불참하더라도 그 불참은 반대가 아닌 찬성으로 간주된다.

14 ③

• 다국의 이해관계가 얽힌 일은 (예측)하기가 어렵다.
• 비행기 연착으로 인해 주말 아침에 귀국하려던 (계획)에 차질이 생겼다.
• 그의 의견은 비현실적인 (구상)에 불과했다.
① 앞으로 이루려는 일에 대하여 그 일의 내용이나 규모, 실현 방법 따위를 어떻게 정할 것인지 이리저리 생각함. 또는 그 생각
② 미리 헤아려 짐작함
④ 앞으로 할 일의 절차, 방법, 규모 따위를 미리 헤아려 작정함. 또는 그 내용
③ 육안이나 기계로 자연 현상 특히 천체나 기상의 상태, 추이, 변화 따위를 관찰하여 측정하는 일

15 ③

주어진 글은 리셋 증후군의 개념과 증상에 대해 설명하는 글이다. 따라서 ③의 정신적 질환의 일종으로 분류된다는 진술은 앞 문장(리셋 증후군의 행동 양상)과 뒤 문장(청소년기 리셋 증후군의 영향)과 어울리지 않아 삭제하는 것이 적절하다.

16 ②

오전(180분) 동안 조립되는 인형의 수:

$$\frac{180}{3} \times 2 = 120(개)$$

오후(300분) 동안 조립되는 인형의 수:

$$\frac{300}{3} \times 2 = 200(개)$$

오후(300분) 동안 포장되는 인형의 수:

$$\frac{300}{5} \times 3 = 180(개)$$

$$\therefore 120 + 200 - 180 = 140(개)$$

17 ①

네 자리수를 $a \times 10^3 + b \times 10^2 + c \times 10 + d$라 하면, 조건에 의하여 $(a \times 10^3 + b \times 10^2 + c \times 10 + d) + (d \times 10^3 + c \times 10^2 + b \times 10 + a) = 8778$이 된다.

즉, $(a+d) \times 10^3 + (b+c) \times 10^2 + (b+c) \times 10 + (a+d) = 8778$이 된다.

따라서 각 조건에 따라, $a+d=8$, $b+c=7$, $b-1=c$, $2c=d$가 된다.

이에 따라 $a=2$, $b=4$, $c=3$, $d=6$이 되어 원래의 네 자리 숫자는 2436이 되며, 이 네 자리 수를 모두 더한 값은 15가 되는 것을 알 수 있다.

18 ②

현수가 자전거를 타고 간 거리를 $x\,\text{km}$, 뛰어간 거리를 $y\,\text{km}$라고 하면

$$\begin{cases} x+y=5 \\ \dfrac{x}{12} + \dfrac{y}{8} = \dfrac{1}{2} \end{cases}$$

$$\therefore x=3,\ y=2$$

19 ③

여자의 수를 x, 남자의 수를 y라 할 때,

$x+y=300$ …㉠

$\dfrac{5}{8}x + \dfrac{1}{4}y = 120$, 즉 $5x+2y=960$ …㉡ 이므로

㉠과 ㉡을 연립하면

$x=120$, $y=180$ 이므로

남녀 수의 차이는 60명이다.

20 ①

직원의 수를 x라고 하면 $4x+5 = 6x-3$, $x=4$이다. 사탕의 수는 $4 \times 4 + 5 = 21$개이다.

21 ③

$$\frac{7}{24} \div \frac{28}{432} \times \frac{16}{3} = \frac{7}{24} \times \frac{432}{28} \times \frac{16}{3} = 24$$

22 ①

$$46 - 3^3 \div \frac{18}{\sqrt{16}} = 46 - 3^3 \times \frac{4}{18} = 46 - 6 = 40$$

23 ②

A : $\sqrt{36} + \sqrt{4} = 6 + 2 = 8$

B : $\sqrt{81} - \sqrt{9} = 9 - 3 = 6$

$\therefore A > B$

24 ④

① A질병은 2024년에 감소하였고, B질병은 2020년과 2023년에 감소하였다.

② A질병은 2019년과 2024년에는 1.7%, 2022년에는 1.6% 변동이 나타났다.

③ B질병의 변동은 2024년에 2%였다.

25 ④

④ 1930년에 비해 1931년에 소작쟁의 발생건수가 증가한 지역은 충청도 한 곳 뿐이다.

26 ①

① 1930년 : $\dfrac{13,011}{726} = 17.92$

② 1933년 : $\dfrac{10,337}{1,977} = 5.22$

③ 1934년 : $\dfrac{22,454}{7,544} = 2.97$

④ 1935년 : $\dfrac{59,019}{25,834} = 2.28$

27 ③

출시 건수가 가장 많은 회사는 B사, 세 번째로 많은 회사는 C사이다.

B사의 2023년 대비 2024년의 증감률은

$\dfrac{118-121}{121} \times 100 = -2.48\%$

C사의 2023년 대비 2024년의 증감률은

$\dfrac{80-61}{61} \times 100 = 31.15\%$

28 ②

버스를 탄 날의 총 만보기 측정값은 다음과 같다.

$11,500 + 14,000 + 12,000 + 11,500 + 12,000 + 12,000$
$+ 11,000 + 11,000 = 95,000$

버스 탄 날은 총 8일이므로 A씨가 버스 타는 날의 평균 만보기 측정값은 $95,000 \div 8 = 11,875$ 이다.

29 ②

중량이나 크기 중에 하나만 기준을 초과하여도 초과한 기준에 해당하는 요금을 적용한다고 하였으므로, 보람이에게 보내는 택배는 10kg지만 130cm로 크기 기준을 초과하였으므로 요금은 8,000원이 된다. 또한 설희에게 보내는 택배는 60cm이지만 4kg으로 중량기준을 초과하였으므로 요금은 6,000원이 된다.

30 ④

④ 친환경 농산물 재배면적 중 유기농 농작물의 비중은 2018년부터 17.0% → 10.4% → 7.5% → 8.3%로 2020년에 가장 낮다.

① 친환경 농산물 재배농가 당 생산량은 2018년부터 15.1 → 13.2 → 11.2 → 10.2으로 매년 감소하고 있다.

② 2018년 대비 2021년 친환경 농작물 재배농가 증가율은 $\dfrac{221-53}{221} \times 100 = 76.0\%$, 생산량의 증가율은 $\dfrac{2258-798}{2258} \times 100 = 64.7\%$이므로 친환경 농작물 재배농가 증가율이 더 높다.

③ 생산방법별 재배 면적에서 저농약의 재배면적 비중은 2020년에 68.4%, 2021년에 58%로 2020년에 더 높다.

31 ①

주어진 명제들과 명제들의 대우 명제를 이용하여 삼단논법에 의한 새로운 참인 명제를 다음과 같이 도출할 수 있다.

- 첫 번째 명제 : 감기에 걸린 사람은 운동을 하지 않는다.
- 두 번째 명제 : 운동을 하지 않는 사람은 식단을 관리하지 않는다.

감기에 걸린 사람은 식단을 관리하지 않는다. → A

- 첫 번째 명제의 대우 명제 : 운동을 하는 사람은 감기에 걸리지 않는다. → D
- 두 번째 명제의 대우 명제 : 식단을 관리하는 사람은 운동을 한다. → C
- 세 번째 명제의 대우 명제 : 과일을 자주 먹지 않는 사람은 식단을 관리한다. → B

B + C + D → 과일을 자주 먹지 않는 사람은 감기에 걸리지 않는다.

32 ③

- A가 살인자일 경우 → C, D 두 명이 진실이므로 모순
- B가 살인자일 경우 → A, C, D 모두 진실이므로 모순
- D가 살인자일 경우 → B, C 두 명이 진실이므로 모순
- C가 살인자일 경우 → D만 진실이고 나머지는 다 거짓이 됨

∴ C가 살인자이다.

33 ③

D는 주스를 주문한다고 했으므로 ㉠의 대우, 'C 또는 D가 주스를 주문하면 A와 B도 주스를 주문한다'에 따라 A와 B도 주스를 주문한다. ㉣의 대우 명제 'B와 D가 주스를 주문하면 E 또는 F가 주스를 주문한다'에 따라 E나 F가 주스를 주문한다. E가 주스를 주문할 경우, ㉡의 대우 명제에 따라 C도 주스를 주문한다. F가 주스를 주문할 경우, ㉤의 대우 명제에 따라 G는 커피를 주문할 것이다. 최소 인원을 구하라고 했으므로 A, B, D, F 총 4명이 된다.

34 ①

주어진 수열은 세 번째 항부터 앞의 두 항을 더한 값이 다음의 항이 되는 규칙을 가지고 있다. 따라서 빈칸에 들어갈 수는 64+105=169이다.

35 ①

첫 번째 수와 두 번째 수를 곱하여 마지막 수를 더하면 그 값이 28이 나오는 수들의 조합으로 이루어져 있다. 5×4=20이므로 빈칸에 들어갈 수는 8이다.

36 ③

알파벳을 순서대로 나열했을 때 처음 제시된 C부터 3의 배수로 증가하는 규칙을 가지고 있다. 빈칸에는 U이후부터 12번째 순서인 G이다.

37 ①

주어진 식에서 @의 규칙은 @ 앞의 수에 뒤의 수를 나눈 값의 소수점 첫째 자리가 답이 되는 것이다. 따라서 마지막 식을 풀면 $(19@21)@15 = (19 \div 21 = 0.904\ldots = 9)$, $9@15 = 6$이다.

38 ④

주어진 식은 &의 앞과 뒤의 수를 곱한 후 48에서 뺀 값이다. 따라서 마지막 식을 풀면 $48 - 3 \times 9 = 21$이다.

39 ③

丁은 甲보다 먼저 접수, 甲은 乙보다 먼저 접수하였으므로 丁 – 甲 – 乙의 순서가 되며, 丙은 丁보다 먼저 접수하였으므로 丙 – 丁 – 甲 – 乙의 순서가 된다. 따라서 가장 먼저 민원을 접수하는 사람은 丙이다.

40 ③

③ 수정과를 마신 후에는 음식 섭취를 하지 않으므로 수정과를 마시는 사람은 식사가 끝난 것이라는 진술은 항상 참이다.
① 과일을 먹고 수정과를 마실 수도 있다.
② 케이크를 먹은 다음에는 우유를 마시며, 우유를 마신 사람은 아이스크림을 먹지 않는다.
④ 과일을 먹은 사람은 탄산음료를 마신다는 것은 주어진 조건의 역명제 이므로 항상 참이되지 않는다.

41 ④

주어진 조건에 따라 범인을 가정하여 진술을 판단하면 다음과 같다.

〈사건 1〉

진술 \ 범인	가인	나은	다영
가인	거짓	참	참
나은	참	참	거짓
다영	거짓	거짓	참

〈사건 2〉

진술 \ 범인	라희	마준	바은
라희	거짓	참	참
마준	거짓	참	참
바은	거짓	거짓	참

따라서 〈사건 1〉의 범인은 가인, 〈사건 2〉의 범인은 라희이다.

42 ②

범인이 가인과 라희이므로 거짓을 이야기하지 않은 사람은 '나은'뿐이다.

43 ①

주어진 정보에 따라 키가 큰 사람부터 작은 사람까지 나열하면 정→갑→무→병→을이다.

44 ④

주어진 도형에서 삼각형은 90°씩 시계 방향으로 회전하고 있고 원은 시계 방향으로 한 칸씩 이동하고 있다. 따라서 ?에 올 수 있는 도형은 ④이다.

45 ①

앞서 주어진 도형은 앞의 도형이 시계 방향으로 90° 회전한 것으로 ?에는 ①이 적절하다.

1 ②

안목 … 사물이나 현상을 보고 분별하는 능력이나 견해
① **무지** : 아는 것이 없음, 사물에 대한 분별력이 없음
② **통찰** : 사물의 본질이나 속내를 꿰뚫어 봄
③ **견해** : 어떤 일이나 사물에 대한 의견이나 생각
④ **착각** : 잘못 보고 잘못 판단하는 일

2 ①

② 종이나 헝겊 따위를 표면에 붙이다(= 바르다).
③ 물이나 화장품 따위를 문질러 묻히다(= 바르다).
④ 몸과 마음이 정하다(= 바르다).

3 ②

② 바닥에 떨어지거나 흩어져 있는 것을 집다.
① 버려진 아이를 키우기 위하여 데려오다.
③ 남이 분실한 물건을 집어 지니다.
④ 이것저것 되는대로 취하거나 가져오다.

4 ②

② '싯-'은 어두음이 유성음이고 첫음절의 모음이 'ㅓ, ㅜ'인 색채를 나타내는 형용사 앞에 붙으므로 '싯누렇다'는 바른 표기이다.
① '가파르다'는 '르'불규칙 용언으로 어간의 끝소리 'ㅡ'가 탈락하면서 'ㄹ'이 덧붙여지는 활용을 한다. 따라서 '가파르다 – 가팔라 – 가파르니' 등으로 활용한다.
③ 'ㅡ'탈락은 모음 앞에서 어간의 'ㅡ'가 탈락하는 규칙활용이다. '담그다'는 '담가'로 활용하여 제시된 문장에서는 '담갔다'로 써야 한다.
④ '물체를 쏘거나 던져서 어떤 물체에 닿게 하다.'는 '맞히다'이므로 '맞히고'고 고친다.

5 ①

• 음식이 입맛에 짜다.
• 물기를 짜다(=빼내다).
• 털실로 스웨터를 짜다(=만들다).
• 월급이 짜다(=인색하다).

6 ①

응급실, 의사, 환자를 통해 병원을 연상할 수 있다.

7 ②

햇살은 사물이나 현상이 주는 상징적 이미지나 감각적 인상으로서 따뜻함을 떠올리게 한다. 비례식이 성립하기 위해서는 괄호 안에는 칼이 주는 상징적 이미지 중 하나인 날카로움이 들어가는 것이 적절하다.

8 ①

• 딸의 꿈이 커질수록 경제적인 (부담)은 커져만 갔다.
• 매장을 관리하는 것은 강 대리의 (담당)이다.
• 그에게 사과를 하고 용서를 구했으나 마음의 (짐) 은 덜어지지 않았다.

9 ②

빈칸의 뒤에서 풍경화의 모든 부분은 그것을 바라보는 한 개인과 관계되어 있음을 말하고 있으므로 빈칸에는 ②의 내용이 적절하다.

10 ③

제시된 글은 헤르만 헤세의 말을 인용하여 유명하다거나 그것을 모르면 수치스럽다는 이유로 무리하게 독서를 하는 것은 그릇된 일이며, 자기에게 자연스러운 면에 따라 행동하라고 언급하고 있다. 이는 남들의 기준이 아닌 자신의 기준에 따라 하는 독서가 좋은 독서라고 주장하는 것이라고 볼 수 있다.

11 ④

지문은 자연 속 생명체들이 지배하거나 꺾어서 살아남은 것이 아니라, 공존과 관계 속에서 살아남았다는 점을 강조하며, 이 구조가 인간 공동체에도 그대로 적용됨을 설득력 있게 설명하고 있다. 따라서 인간 사회 역시 협동과 균형을 바탕으로 지속 가능하게 유지되어야 한다는 것이 화자의 핵심 주장이다.

12 ③

지문에서는 경쟁 중심의 생존 논리보다, 관계 속에서의 적응과 공존이 진짜 생존의 방식임을 강조하고 있다.

13 ③

㉠의 앞에서 격분의 물결이 필수적인 안정성, 항상성, 연속성을 찾아볼 수 없다고 말하고 있으며 ㉠의 뒤에서는 그렇기 때문에 격분의 물결은 안정적인 논의의 맥락 속에 통합되지 못한다고 말하고 있다. ㉠에는 앞에서 말한 일이 뒤에서 말할 일의 원인, 이유, 근거가 됨을 나타내는 접속 부사 '따라서'가 오는 것이 적절하다.

14 ①

(나)의 '그러나 남아프리카공화국의 한 동굴에서 발견된 200만 년 된 유골 4구의 치아에서는 이와 다른 증거가 발견됐다.'는 문장을 통해 (나) 문단 앞에는 인류학자 맷 스폰하이머와 줄리아 리소프의 결론과 다른 결론이 하나 제시되어 있어야 하므로 주어진 글이 들어갈 가장 알맞은 곳은 (가) 뒤이다.

15 ③

㈎ 우리말 다듬기의 개념 제시

㈏ 부연설명

㈐ 내용첨가

㈑ 종합정리

16 ③

$$x^2 \div \sqrt{64} \times \frac{21}{36} + x \times 2^{-1}$$

$$= 24^2 \times \frac{1}{8} \times \frac{7}{12} + 24 \times \frac{1}{2} = 54$$

17 ①

4회 참여에 16점을 얻기 위해서는 3회는 5점, 1회는 1점이 올라가야 한다.

따라서 구하는 확률은

$${}_4C_3\left(\frac{1}{3}\right)^3\left(\frac{2}{3}\right) = 4 \times \frac{1}{27} \times \frac{2}{3} = \frac{8}{81}$$

18 ②

딸의 나이를 x세라 할 때, 엄마의 나이는 $38-x$세, 아들의 나이는 $x-2$세이다.

3년 후 딸과 아들의 나이의 합을 구하는 식은 $(x+3)+(x-2+3)=20$이므로, 딸의 올해 나이는 8세이다.

∴ 올해 엄마의 나이는 30세이다.

19 ④

물건의 원가를 x원이라 하면,

$1.2x - 2000 - x = 0.15x$, $x = 40,000$(원)이다.

20 ④

물이 증발되어도 설탕의 양은 변하지 않음을 이용한다.

(설탕의 양)＝(농도)×(설탕물의 양)

증발된 물의 양을 xg이라 하면,

$$\frac{3}{100} \times 400 = \frac{5}{100} \times (400-x)$$

$$1200 = 2000 - 5x$$

$$x = 160g$$

21 ①

늘어난 비율을 x라 하면, 다음 공식이 성립한다.

$20x \times 15x = 432 \rightarrow (5x)^2 = 6^2$, ∴ $x = 1.2$

따라서 x의 비율로 확장된 가로, 세로의 길이는 각각 24m(＝20×1.2), 18m(＝15×1.2)가 된다.

22 ①

을이 A에서 출발하여 갑을 만났을 때까지의 시간을 x라 하면 갑이 을을 만났을 때까지 달린 시간은 $x+9$이다.

을과 갑이 같은 방향으로 달릴 때 만나는 경우

$160x = 40(x+9)$, $x = 3$

∴ 출발점에서부터의 거리는 480m이다.

23 ③

A ~ E국 중 고졸 시간제근로자의 비중은 40%로 E국이 가장 높다.

① 중졸 전일제근로자의 비중은 모두 40% 미만이다.
② C국은 대졸 전일제근로사의 비중이 고졸보다 17%, 중졸보다 28% 크므로 최종학력이 높을수록 전일제로 근무하는 비율이 높다고 볼 수 있다.
④ 대졸 전일제근로자의 비중이 가장 높은 곳은 67%로 D국이다. D국의 시간제근로자의 비중은 대졸 19%, 고졸 20%, 중졸 19%로 30%를 넘지 않는다.

24 ②

A국의 무직자의 수는 $15,000 \times 18\% = 2,700$명이고, C국의 무직자의 수가 같으므로 C국의 대졸인원의 28%는 2,700명이 된다. C국의 대졸 인원이 x라고 하면 $x \times 28\% = 2,700$이므로 x는 약 9,643명이다.

25 ①

㈎ 전체 고용률만 보면 감소하다 2023년에 증가하고 이후 감소하였다.
㈏ 전년 대비 모든 지표에서 2023년의 수치가 2022년보다 더 높다.
㈐ 매년 가장 높은 고용률을 보이고 있다.
㈑ 학교유형에서 2020년 대비 2024년의 고용률을 비교해보면 2 ~ 3년제는 80.3에서 76.1로 감소, 4년제는 78.7에서 72.5로 감소, 교육대는 87.2에서 89.6으로 증가하였다.

26 ②

연도별 농가당 평균 농가인구의 수는 비례식을 통하여 계산할 수 있으나, 성인이나 학생 등의 연령대별 구분은 제시되어 있지 않아 확인할 수 없다.

① 제시된 농가의 수에 대한 산술평균으로 계산할 수 있다.
③ 총인구의 수를 계산할 수 있으므로 그에 대한 남녀 농가인구 구성비도 확인할 수 있다.
④ 증감내역과 증감률 역시 해당 연도의 정확한 수치를 통하여 계산할 수 있다.

27 ②

② 수출량과 수입량 모두 상위 10위에 들어있는 국가는 네덜란드와 중국이다.

28 ①

- 2020년 : (5,400 + 2,100 + 1,500) × 0.02 = 180대
- 2021년 : (5,200 + 2,500 + 1,700) × 0.015 = 141대
- 2022년 : (5,500 + 2,200 + 1,800) × 0.016 = 152대
- 2023년 : (5,300 + 2,600 + 1,600) × 0.012 = 114대

29 ④

주어진 자료는 각 연도의 모든 수치의 합는 100이 된다. 따라서 ⓐ=71.7, ⓑ=19.1, ⓒ=72.9, ⓓ=14.2이다. 따라서 ⓐ~ⓓ의 합은 71.7+19.1+72.9+14.2=177.9이다.

30 ④

① 스트레스 인지율은 2022년도 까지 낮아지고 있지만 우울감 경험률은 2020년에 2019년 보다 0.4%증가했다.

② 스트레스 인지율은 매년 남자보다 여자가 높다.

③ 우울감 형성률의 비율은 매년 중학교보다 고교가 높다.

31 ②

십의 자리에 온 숫자를 그 항에 뺀 값이 그 다음 항의 값이 된다.

$92 - 9 = 83$, $83 - 8 = 75$, $75 - 7 = 68$, $68 - 6 = 62$, $62 - 6 = 56$, $56 - 5 = 51$

32 ①

주어진 수열은 첫 번째 수부터 각 자리의 수를 더한 수가 다음 수가 되는 규칙을 가지고 있다. 따라서 빈칸에 올 수는 $431 + 4 + 3 + 1 = 439$이다.

33 ②

주어진 식들을 따라 유추해보면 !는 (!앞의 수)×4 −(!뒤의 수)이다. 따라서 빈칸에 들어갈 수를 x라고 하면, $7 \times 4 - x = 18, x = 10$이다.

34 ①

한글의 자음을 순서대로 나열했을 때 처음 제시된 문자부터 소수가 순서대로 더해지는 규칙을 가지고 있다. ㄱ(+2)ㄷ(+3)ㅂ(+5)ㅋ(+7)ㄹ(+11)ㄱ 이므로 빈칸에는 ㄱ이 온다.

35 ④

주어진 수열은 세 개씩 나누어 봤을 때 세 개의 수를 곱하면 360이 되는 규칙을 가지고 있다.

36 ①

은지는 영어, 주화는 국어, 민경이는 수학을 선택했다.

37 ④

AB / C / D / E / 비어있음 또는 AB / CE / D / 비어있음 / 비어있음

두 가지 경우가 가능하다.

38 ②

TV를 구매한 사람은 냉장고를 구매하며, 냉장고를 구매한 사람은 오븐을 구매한다. 오븐을 구매한 사람은 전자레인지를 구매하지 않으므로 ②는 항상 옳다.

39 ①

주어진 정보에 따르면 乙→丁→甲→戊→丙의 순서대로 내리게 된다. 따라서 세 번째로 내리는 사람은 甲이다.

40 ①

① 甲은 어제 영화를 보지 않았으므로 야구 경기는 취소되지 않았다.

② 윤아가 어제 영화를 보았는지 아니지 알 수 없다.

③ 어제는 야구 경기가 취소되지 않았으므로 강수 확률을 80% 이상이 아니다.

④ 오늘은 야구경기가 취소될 것인지 아닌지 알 수 없다.

41 ④

주어진 정보를 통해 진급시험에서 떨어진 사람은 A, B, E, G이고, C와 D 중 1명이 진급했지만 누가 진급했는지는 알 수 없으며, 진급이 확실한 사람은 F이다.

42 ②

타자 B는 풀카운트 상황에서는 반드시 스윙을 한다고 했으므로 투수 A가 체인지업을 던지더라도 스윙을 한다.
① 알 수 없는 진술이다.
③ 타자 B는 풀카운트 상황에서는 반드시 스윙을 하지만 스윙을 하면 반드시 풀카운트 상황이라고 볼 수는 없다.
④ 타자 B는 투수 A가 체인지업을 던지면 스윙을 하지 않는다의 역명제 이므로 항상 참이라고 할 수 없다.

43 ②

위 내용에 따라 건물의 높이가 높은 순서대로 나열하면 다음과 같다.
○○타워-◎◎빌딩-△△타워-◇◇시티
따라서 가장 높은 건물은 '◇◇시티'이며 가장 낮은 건물은 '◇◇시티'이다.

44 ④

흰색 큰 도형 내부에 색칠된 도형은 다음 순서에 흰색 외부 도형이 된다. 따라서 삼각형 안에 마름모와 오각형 중 오각형이 다음 순서에 외부 도형이 되고 다음 순서에 외부 도형이 될 도형은 색칠되어 표시된 ④가 ?에 오는 것이 적절하다.

45 ①

주어진 도형은 반시계 방향으로 90°씩 회전하고 있다.

1. ②

주어진 단어 보리는 맥주의 재료이다. 우유는 치즈의 재료가 되는 것으로 ②가 적절하다.

2. ①

짓다

㉠ 논밭을 다루어 농사를 하다.

㉡ 묶거나 꽂거나 하여 매듭을 만들다.

㉢ 이어져 온 일이나 말 따위의 결말이나 결정을 내다.

㉣ 시, 소설, 편지, 노래 가사 따위와 같은 글을 쓰다.

3. ④

① 시험에 합격하다(= 붙다).

② 조건, 이유, 구실 따위가 따르다(= 붙다).

③ 남에게 기대다(= 붙다).

4. ③

부치다 … 편지나 물건 따위를 일정한 수단이나 방법을 써서 상대에게로 보내다.

① 번철이나 프라이팬 따위에 기름을 바르고 빈대떡, 저냐, 전병(煎餠) 따위의 음식을 익혀서 만들다.

② 모자라거나 미치지 못하다.

⑤ 어떤 일을 거론하거나 문제 삼지 아니하는 상태에 있게 하다.

5. ④

• 너무 더워서 목이 타다(= 마르다).

• 커피를 타다(= 섞다).

• 마음이 몹시 타다(= 달다).

• 모형비행기가 바람을 타다.

6. ③

① 해질녘

② 강낭콩

④ 허우대

7. ③

제시된 글의 '-겠-'은 주체의 의지를 나타내는 어미이다. 따라서 ③에서 쓰이는 '-겠-'이 문맥적 의미가 가장 가깝다.

8. ③

① 플래시

② 브리지

④ 블라우스

9. ③

㉢ 물질로 구현되는 것을 모두 기술로 명명할 수 없다→㉡ 기술이 아닌 예→㉣ 기술에는 지성의 개입이 필요→㉠ 기술이라고 할 수 있는 것들의 예

10. ③

③ 제시된 글 중후반부의 "그것이 깨어 있는 선택이 아니라면", "그 선택이 내가 인식한 결과인지, 아니면 반사적 반응인지조차 모르는 삶", 그리고 마지막 문장인 "익숙한 일상 속에서 선택의 자각을 놓치지 않으려는 태도" 등의 내용으로 미루어보아, 습관 그 자체가 문제라기보다는, 그 안에서 자각이 사라질 때 자유가 위협된다는 논지임을 알 수 있다.

11. ②

주어진 글은 사고 활동과 표현 활동의 관련성을 주장하며 서로 떼려야 뗄 수 없는 상호 협력적인 관계에 있음을 말하고 있다.

12. ③

빈칸의 뒤에는 말을 하거나 글을 쓰는 것과 같은 생산적인 행동에는 사고 작용이 따르며, 생산적인 행동 뒤에 사고 작용으로 발전된 생각을 얻기도 한다고 말하고 있으므로 ③의 내용이 적절하다.

13. ④

위 글에서는 인공조형물에 대한 설명이 없으므로 보기 ④가 적절하지 않은 것이다.

14. ④

㈐ 뒤에 '분주하고 정신이 없는 장면을 보여 주고, 나중에 그 모습에 대해서 이야기하게 해 보자.'라는 문장이 언급되고 바로 ㈑ 뒤에서 '어느 부분에 주목하고, 또 어떻게 그것을 해석했는지에 따라 즐겁기도 하고 무섭기도 하다.'라는 내용이 나온다. 따라서 이 두 문장을 논리적 흐름에 맞게 연결하면서 뒤의 내용을 전체적으로 포괄하기 위해 두 문장 사이에 (A)가 들어가는 것이 적절하다.

15. ③

㉠은 앞문장과 구체적인 예시를 이어주고 있으므로 예시를 나타내는 접속사가 어울리며 ㉡은 앞문장과 뒷문장을 동등하게 연결하는 '그리고'가 어울린다.

16. ④

각 세트에서 A가 이기는 것을 O, B가 이기는 것을 X라 하면 A가 승리하는 경우와 그 확률은 다음과 같다.

$O : \dfrac{1}{3}$

$XOO : \dfrac{2}{3} \times \dfrac{1}{3} \times \dfrac{1}{3}$

$XOXO : \dfrac{2}{3} \times \dfrac{1}{3} \times \dfrac{2}{3} \times \dfrac{1}{3}$

따라서 A가 승리할 확률은

$\dfrac{1}{3} + \dfrac{2}{3^3} + \dfrac{4}{3^4} = \dfrac{37}{81}$

$\therefore \ p + q = 81 + 37 = 118$

17. ④

14명의 직원 중에서 임의로 뽑은 3명이 선택한 메뉴가 모두 돈까스일 확률은 $\dfrac{{}_3C_3}{{}_{14}C_3}$

14명의 직원 중에서 임의로 뽑은 3명이 선택한 메뉴가 모두 제육볶음일 확률은 $\dfrac{{}_5C_3}{{}_{14}C_3}$

14명의 직원 중에서 임의로 뽑은 3명이 선택한 메뉴가 모두 연어덮밥일 확률은 $\dfrac{{}_6C_3}{{}_{14}C_3}$

따라서 구하는 확률은

$$\dfrac{\dfrac{{}_3C_3 + {}_5C_3}{{}_{14}C_3}}{\dfrac{{}_3C_3 + {}_5C_3 + {}_6C_3}{{}_{14}C_3}} = \dfrac{1 + 10}{1 + 10 + 20} = \dfrac{11}{31}$$

18. ①

4%의 소금물을 x, 10%의 소금물을 y라 하면

$$\begin{cases} x + 2 = 200y \\ \dfrac{4}{100}x + \dfrac{10}{100}y = \dfrac{45}{1000} \times 200 \end{cases}$$

두 식을 연립하면 $x = 100$, $y = 50$이므로 4% 소금물의 양은 100g이다.

19. ②

제품 A의 순수익은 $30 \times 14{,}000 \times 0.15 = 63{,}000$(원)

제품 A와 B의 순수익을 같도록 한다고 했으므로 $50 \times 12{,}000 \times x = 63{,}000$, $x = 0.105$ 즉, 10.5%의 이윤율로 정가를 정해야 한다.

20. ①

시험을 치른 여자사원의 수를 x라 하고 (여자사원의 총점)+(남자사원의 총점)=(전체 사원의 총점)이므로

$$76x + 72(100 - x) = 73 \times 100$$

식을 간단히 하면 $4x = 100$, $x = 25$

∴ 여자사원은 25명이다.

21. ②

$$\frac{12}{27} \times 3^{-2} \div \frac{4}{9} + \frac{17}{9} = \frac{1}{9} + \frac{17}{9} = 2$$

22. ①

A : $\dfrac{6\sqrt{37}}{42} = \dfrac{\sqrt{36 \times 37}}{42} = \dfrac{\sqrt{1332}}{42}$

B : $\dfrac{7\sqrt{34}}{42} = \dfrac{\sqrt{49 \times 34}}{42} = \dfrac{\sqrt{1666}}{42}$

∴ A < B

23. ①

$B = \dfrac{2}{11} = 0.1818 \cdots$

∴ A > B

24. ①

주어진 공식을 이용해 총 매출액을 구하면

총 매출액 $= \dfrac{\text{전자제품 매출액} \times 100}{\text{전자제품 매출액 비율}}$ 이다.

따라서 총 매출액이 높은 순서대로 나열하면 A(90.0) → C(85.8) → B(62.4) → D(55.9)이다.

25. ②

② 2021년에 인원은 늘어났으나 비율이 감소한 단계는 시제품 제작단계와 시장진입단계이다.

26. ②

$100 - 12.5 - 8.1 - 5.1 - 6.4 - 38.8 = 29.1$

27. ②

㈎ [○] A직업의 경우는 200명 중 35%이므로 $200 \times 0.35 = 70$명, C직업의 경우는 400명 중 25%이므로 $400 \times 0.25 = 100$명이 부모와 동일한 직업을 갖는 자녀의 수가 된다.

㈏ [○] B와 C직업 모두 75%($= 100 - 25$)로 동일함을 알 수 있다.

㈐ [×] A직업을 가진 자녀는 $(200 \times 0.35) + (300 \times 0.25) + (400 \times 0.25) = 245$명이며, B직업을 가진 자녀는 $(200 \times 0.2) + (300 \times 0.25) + (400 \times 0.4) = 275$명이다.

㈑ [○] 기타 직업을 가진 자녀의 수는 각각 $200 \times 0.05 = 10$명, $300 \times 0.15 = 45$명, $400 \times 0.1 = 40$명으로 B직업을 가진 부모가 가장 많다.

28. ③

  ③ 가축 B의 가축의 사육두수가 가장 적을 때는 2023년 1분기이고, 사육가구수가 가장 적은 때는 2023년 4분기이다.

  ① 2023년 분기별 가축 F의 사육두수와 사육가구수의 증감추이는 증-감-감-증-증-증으로 같다.

  ② 가축 D의 사육가구수는 조사기간 동안 항상 6,000가구 이상이다.

  ④ 가축 D의 사육두수와 가축 A의 사육가구수가 가장 큰 시기는 모두 2020년 4분기로 같다.

29. ④

  ⓐ = 797 + 361 = 1,158

  ⓑ = 1,637 - 433 = 1,204

  ⓒ = 2,081 - 1,451 = 630

  ⓓ = 2,582 - (556 + 361 + 433 + 399 + 630) = 203

30. ③

  ③ A형 간염은 2019년에는 5,521건, 2021년에는 867건으로 항상 증가하고 있다고 볼 수 없다.

  ① 2022년 장티푸스 발생건은 251건으로 2020년, 2022년, 2023년 모두 장티푸스 발생건은 100건을 넘는다.

  ② 파라티푸스는 2019년에 56건, 2020년에 58건, 2021년에 54건, 2024년에 56건으로 50건 이상인 해는 4개년이다.

  ④ 2024년에 장티푸스는 121건, 세균성이질은 113건, 장출혈성 대장균 감염증은 104건으로 모두 100건을 넘는다.

31. ②

  앞의 두 항을 더한 결과가 다음 항의 값이 되는 피보나치수열이다.

  21 + 34 = 55, 34 + 55 = 89이므로 빈칸에 들어갈 수는 55가 된다.

32. ③

  주어진 수열은 앞의 항×2-5의 규칙을 가지고 있다. 따라서 빈칸은 $197 \times 2 - 5 = 389$이다.

33. ④

  처음의 문자에서 +2, +4, +6의 순서로 변하므로 빈칸에는 앞의 글자에 +8을 더한 문자가 와야 한다.

34. ②

  주어진 식은 '\$ 앞의 수의 제곱-뒤의 수'의 규칙을 가지고 있다. 따라서 빈칸은 $4^2 - 5 = 11$이다.

35. ①

  주어진 식은 '% 앞의 수÷뒤의 수'를 한 값의 소수점 둘째 자리 수가 답이 된다. 따라서 빈칸은 $5 \div 11 = 0.454545..$ 이므로 5이다.

36. ①

① '바람이 분다면 깃발이 펄럭일 것이다'라고 전제되어 있으므로 지금 바람이 불고 있다.

37. ①

乙은 오늘 알레르기 약을 먹지 않았으므로 강아지를 만나지 않은 것이므로 甲을 만나지 않은 것은 참이다.

38. ④

④ 'A사의 3G는 와이파이보다 빠르다.'라는 명제를 통해 알 수 있다.

39. ④

B의 진술이 거짓이라면 C와 D는 거짓말쟁이가 아니므로 진실을 말한 사람이 두 사람이 되므로 진실을 얘기하고 있는 사람이 한 명 뿐이라는 단서와 모순이 생기므로 B의 진술이 진실이다. B의 진술이 진실이고 모두의 진술이 거짓이므로 A의 거짓진술에 의해 B는 범인이 아니며, C의 거짓진술에 의해 A도 범인이 아니다. D의 거짓진술에 의해 범인은 D가 된다.

40. ②

조조건에 따르면 요리 경연대회의 최종 순위는 다음과 같다.

A－B－D－C

따라서 2등을 한 사람은 B이다.

41. ③

조깅을 좋아하는 사람은 음악을 좋아하고 음악을 좋아하는 사람은 무선 이어폰을 사용한다고 했으므로 조깅을 좋아하는 한결이는 무선 이어폰을 사용한다.

42. ②

주어진 명제에 따르면 1호선을 타 본 사람=2호선을 타 본 사람=5호선을 타 본 사람이며 5호선을 타 본 사람은 3호선을 타 보지 않았다고 했으므로 1호선, 2호선을 타 본 사람도 3호선을 타 보지 않은 것이 된다. 이의 대우 명제가 ②이므로 올바른 것은 ②이다.

43. ②

음악을 들으면 신이 나고 유나는 신이 나면 어떤
잘못도 용서 해주기 때문에 재준이는 유나가 음악
을 들을 때 용서를 빌면 용서받을 수 있다.

44. ①

㉠	㉡
㉢	㉣

$\dfrac{1}{㉠} + \dfrac{1}{㉡} = ㉢ + ㉣$ 으로 계산하면 된다.

45. ③

주어진 도형의 삼각형 안의 숫자의 곱은 1800이 된
다. 따라서 빈칸에 들어갈 수는 2이다.

대전광역시교육청
교육공무직원

직무능력검사
핵심이론

01 언어논리

1 어휘

01. 언어유추

(1) 동의어

두 개 이상의 단어가 소리는 다르나 의미가 같아 모든 문맥에서 서로 대치되어 쓰일 수 있는 것을 동의어라고 한다. 그러나 이렇게 쓰일 수 있는 동의어의 수는 극히 적다. 말이란 개념뿐만 아니라 느낌까지 싣고 있어서 문장 환경에 따라 미묘한 차이가 있기 때문이다. 따라서 동의어는 의미와 결합성의 일치로써 완전동의어와 의미의 범위가 서로 일치하지는 않으나 공통되는 부분의 의미를 공유하는 부분동의어로 구별된다.

① 완전동의어 … 둘 이상의 단어가 그 의미의 범위가 서로 일치하여 모든 문맥에서 치환이 가능하다.
  예 사람 : 인간, 사망 : 죽음

② 부분동의어 … 의미의 범위가 서로 일치하지는 않으나 공통되는 어느 부분만 의미를 서로 공유하는 부분적인 동의어이다. 부분동의어는 일반적으로 유의어(類義語)라 불린다. 사실, 동의어로 분류되는 거의 모든 낱말들이 부분동의어에 속한다.
  예 이유 : 원인

(2) 유의어

둘 이상의 단어가 소리는 다르면서 뜻이 비슷할 때 유의어라고 한다. 유의어는 뜻은 비슷하나 단어의 성격 등이 다른 경우에 해당하는 것이다. A와 B가 유의어라고 했을 때 문장에 들어 있는 A를 B로 바꾸면 문맥이 이상해지는 경우가 있다. 예를 들어 어머니, 엄마, 모친(母親)은 자손을 출산한 여성을 자식의 관점에서 부르는 호칭으로 유의어이다. 그러나 "어머니, 학교 다녀왔습니다."라는 문장을 "모친, 학교 다녀왔습니다."라고 바꾸면 문맥상 자연스럽지 못하게 된다.

(3) 동음이의어

둘 이상의 단어가 소리는 같으나 의미가 다를 때 동음이의어라고 한다. 동음이의어는 문맥과 상황에 따라, 말소리의 길고 짧음에 따라, 한자에 따라 의미를 구별할 수 있다.
예 • 밥을 먹었더니 배가 부르다. (복부), 과일 가게에서 배를 샀다. (과일), 항구에 배가 들어왔다. (선박)

(4) 다의어

하나의 단어에 뜻이 여러 가지인 단어로 대부분의 단어가 다의를 갖고 있기 때문에 의미 분석이 어려운 것이라고 볼 수 있다. 하나의 의미만 갖는 단의어 및 동음이의어와 대립되는 개념이다.

예
- 밥 먹기 전에 가서 손을 씻고 오너라. (신체)
- 우리 언니는 손이 큰 편이야. (씀씀이)
- 그 사람의 손을 빌렸어. (도움)
- 저 사람 손에 집이 넘어가게 생겼다. (소유)
- 너무 바빠서 손이 모자란다. (일손)
- 그 사람과는 손을 끊어라. (교제)
- 넌 나의 손에 놀아난 거야. (꾀)
- 반드시 내 손으로 해내고 말겠다. (힘, 역량)

(5) 반의어

단어들의 의미가 서로 반대되거나 짝을 이루어 서로 관계를 맺고 있는 경우가 있다. 이를 '반의어 관계'라고 한다. 그리고 이러한 반의관계에 있는 어휘를 반의어라고 한다. 반의 및 대립 관계를 형성하는 어휘 쌍을 일컫는 용어들은 관점과 유형에 따라 '반대말, 반의어, 반대어, 상대어, 대조어, 대립어' 등으로 다양하다. 반의관계에서 특히 중간 항이 허용되는 관계를 '반대관계'라고 하며, 중간 항이 허용되지 않는 관계를 '모순관계'라고 한다.

예
- 반대관계 : 크다 ↔ 작다
- 모순관계 : 남자 ↔ 여자

(6) 상·하의어

단어의 의미 관계로 보아 어떤 단어가 다른 단어에 포함되는 경우를 '하의어 관계'라고 하고, 이러한 관계에 있는 어휘가 상의어·하의어이다. 상의어로 갈수록 포괄적이고 일반적이며, 하의어로 갈수록 한정적이고 개별적인 의미를 지닌다. 따라서 하의어는 상의어에 비해 자세하다.

① 상의어…다른 단어의 의미를 포함하는 단어를 말한다.

   예 꽃

② 하의어 … 다른 단어의 의미에 포함되는 단어를 말한다.

   예 장미, 국화, 맨드라미, 수선화, 개나리 등

02. 생활어휘

(1) 단위를 나타내는 말

① 길이

뼘	엄지손가락과 다른 손가락을 완전히 펴서 벌렸을 때에 두 끝 사이의 거리
발	한 발은 두 팔을 양옆으로 펴서 벌렸을 때 한쪽 손끝에서 다른 쪽 손끝까지의 길이
길	한 길은 여덟 자 또는 열 자로 약 3m에 해당함. 사람의 키 정도의 길이
치	길이의 단위. 한 치는 한 자의 10분의 1 또는 약 3.33cm
자	길이의 단위. 한 자는 한 치의 열 배로 약 30.3cm
리	거리의 단위. 1리는 약 0.393km
마장	거리의 단위. 오 리나 십 리가 못 되는 거리

② 부피

술	한 술은 숟가락 하나 만큼의 양
홉	곡식의 부피를 재기 위한 기구들이 만들어지고, 그 기구들의 이름이 그대로 부피를 재는 단위가 된다. '홉'은 그 중 가장 작은 단위(180ml에 해당)이며, 곡식 외에 가루, 액체 따위의 부피를 잴 때도 쓰임(10홉 = 1되, 10되 = 1말, 10말 = 1섬).
되	곡식이나 액체 따위의 분량을 헤아리는 단위. '말'의 10분의 1, '홉'의 10배이며, 약 1.8l
섬	곡식 · 가루 · 액체 따위의 부피를 잴 때 씀. 한 섬은 한 말의 열 배로 약 180l

③ 무게

돈	귀금속이나 한약재 따위의 무게를 잴 때 쓰는 단위. 한 돈은 한 냥의 10분의 1, 한 푼의 열 배로 3.75g
냥	한 냥은 귀금속 무게를 잴 때는 한 돈의 열 배이고, 한약재의 무게를 잴 때는 한 근의 16분의 1로 37.5g
근	고기나 한약재의 무게를 잴 때는 600g에 해당하고, 과일이나 채소 따위의 무게를 잴 때는 한 관의 10분의 1로 375g
관	한 관은 한 근의 열 배로 3.75kg

④ 낱개

개비	가늘고 짤막하게 쪼개진 도막을 세는 단위
그루	식물, 특히 나무를 세는 단위
닢	가마니, 돗자리, 멍석 등을 세는 단위
땀	바느질할 때 바늘을 한 번 뜬, 그 눈
마리	짐승이나 물고기, 벌레 따위를 세는 단위
모	두부나 묵 따위를 세는 단위
올(오리)	실이나 줄 따위의 가닥을 세는 단위
자루	필기 도구나 연장, 무기 따위를 세는 단위
채	집이나 큰 가구, 기물, 가마, 상여, 이불 등을 세는 단위
코	그물이나 뜨개질한 물건에서 지어진 하나하나의 매듭
타래	사리어 뭉쳐 놓은 실이나 노끈 따위의 뭉치를 세는 단위
톨	밤이나 곡식의 낟알을 세는 단위
통	배추나 박 따위를 세는 단위
포기	뿌리를 단위로 하는 초목을 세는 단위

⑤ 넓이

평	땅 넓이의 단위. 한 평은 여섯 자 제곱으로 약 3.3058m^2
홉지기	땅 넓이의 단위. 한 홉은 1평의 10분의 1
마지기	논과 밭의 넓이를 나타내는 단위. 한 마지기는 볍씨 한 말의 모 또는 씨앗을 심을 만한 넓이로, 지방마다 다르나 논은 약 150 ~ 300평, 밭은 약 100평 정도
되지기	넓이의 단위. 한 되지기는 볍씨 한 되의 모 또는 씨앗을 심을 만한 넓이로 한 마지기의 10분의 1
섬지기	논과 밭의 넓이를 나타내는 단위. 한 섬지기는 볍씨 한 섬의 모 또는 씨앗을 심을 만한 넓이로, 한 마지기의 10배이며, 논은 약 2,000평, 밭은 약 1,000평 정도
간	가옥의 넓이를 나타내는 말. '간'은 네 개의 도리로 둘러싸인 면적의 넓이로, 약 6자×6자 정도의 넓이

⑥ 수량

갓	굴비, 고사리 따위를 묶어 세는 단위. 고사리 따위 10모숨을 한 줄로 엮은 것
꾸러미	달걀 10개
동	붓 10자루
두름	조기 따위의 물고기를 짚으로 한 줄에 10마리씩 두 줄로 엮은 것을 세는 단위. 고사리 따위의 산나물을 10모숨 정도로 엮은 것을 세는 단위
벌	옷이나 그릇 따위가 짝을 이루거나 여러 가지가 모여 갖추어진 한 덩이를 세는 단위
손	한 손에 잡을 만한 분량을 세는 단위. 조기·고등어·배추 따위의 한 손은 큰 것과 작은 것을 합한 것을 이르고, 미나리나 파 따위 한 손은 한 줌 분량을 말함
쌈	바늘 24개를 한 묶음으로 하여 세는 단위
접	채소나 과일 따위를 묶어 세는 단위. 한 접은 채소나 과일 100개
제(劑)	탕약 20첩 또는 그만한 분량으로 지은 환약
죽	옷이나 그릇 따위의 10벌을 묶어 세는 단위
축	오징어를 묶어 세는 단위. 오징어 한 축은 20마리
켤레	신, 양말, 버선, 방망이 따위의 짝이 되는 2개를 한 벌로 세는 단위
쾌	북어 20마리
톳	김을 묶어 세는 단위. 김 한 톳은 100장

(2) 나이에 관한 어휘

나이	어휘	나이	어휘
10대	충년(沖年)	15세	지학(志學)
20세	약관(弱冠)	30세	이립(而立)
40세	불혹(不惑)	50세	지천명(知天命)
60세	이순(耳順)	61세	환갑(還甲), 화갑(華甲), 회갑(回甲)
62세	진갑(進甲)	70세	고희(古稀)
77세	희수(喜壽)	80세	산수(傘壽)
88세	미수(米壽)	90세	졸수(卒壽)
99세	백수(白壽)	100세	기원지수(期願之壽)

(3) 가족에 관한 호칭

구분	본인의 가족		타인의 가족	
	생전	사후	생전	사후
父(아버지)	家親(가친) 嚴親(엄친) 父主(부주)	先親(선친) 先考(선고) 先父君(선부군)	春府丈(춘부장) 椿丈(춘장) 椿堂(춘당)	先大人(선대인) 先考丈(선고장) 先人(선인)
母(어머니)	慈親(자친) 母生(모생) 家慈(가자)	先妣(선비) 先慈(선자)	慈堂(자당) 大夫人(대부인) 萱堂(훤당) 母堂(모당) 北堂(북당)	先大夫人(선대부인) 先大夫(선대부)
子(아들)	家兒(가아) 豚兒(돈아) 家豚(가돈) 迷豚(미돈)		令郞(영랑) 令息(영식) 令胤(영윤)	
女(딸)	女兒(여아) 女息(여식) 息鄙(식비)		令愛(영애) 令嬌(영교) 令孃(영양)	

(4) 어림수를 나타내는 수사, 수관형사

한두	하나나 둘쯤	예 어려움이 한두 가지가 아니다.
두세	둘이나 셋	예 두세 마리
두셋	둘 또는 셋	예 사람 두셋
두서너	둘, 혹은 서너	예 과일 두서너 개
두서넛	둘 혹은 서넛	예 과일을 두서넛 먹었다.
두어서너	두서너	
서너	셋이나 넷쯤	예 쌀 서너 되
서넛	셋이나 넷	예 사람 서넛
서너너덧	서넛이나 너덧. 셋이나 넷 또는 넷이나 다섯	예 서너너덧 명
너덧	넷 가량	예 너덧 개
네댓	넷이나 다섯 가량	
네다섯	넷이나 다섯	
대엿	대여섯. 다섯이나 여섯 가량	
예닐곱	여섯이나 일곱	예 예닐곱 사람이 왔다.
일여덟	일고여덟	예 과일 일여덟 개

2 어법

01. 한글 맞춤법

(1) 표기원칙

한글 맞춤법은 표준어를 소리대로 적되, 어법에 맞도록 함을 원칙으로 한다.

(2) 맞춤법에 유의해야 할 말

① 한 단어 안에서 뚜렷한 까닭 없이 나는 된소리는 다음 음절의 첫소리를 된소리로 적는다.
> 예 소쩍새, 아끼다, 어떠하다, 해쓱하다, 거꾸로, 가끔, 어찌, 이따금, 산뜻하다, 몽땅

※ 다만, 'ㄱ', 'ㅂ' 받침 뒤에서는 된소리로 적지 아니한다.
> 예 국수, 깍두기, 색시, 싹둑, 법석, 갑자기, 몹시, 딱지

② 'ㄷ' 소리로 나는 받침 중에서 'ㄷ'으로 적을 근거가 없는 것은 'ㅅ'으로 적는다.
> 예 덧저고리, 돗자리, 엇셈, 웃어른, 핫옷, 무릇, 사뭇, 얼핏, 자칫하면

③ '계, 례, 몌, 폐, 혜'의 'ㅖ'는 'ㅔ'로 소리 나는 경우가 있더라도 'ㅖ'로 적는다.
> 예 계수(桂樹), 혜택(惠澤), 사례(謝禮), 연몌(連袂), 계집, 핑계

※ 다만, 다음 말은 본음대로 적는다.
> 예 게송(偈頌), 게시판(揭示板), 휴게실(休憩室)

④ '의'나, 자음을 첫소리로 가지고 있는 음절의 'ㅢ'는 'ㅣ'로 소리 나는 경우가 있더라도 'ㅢ'로 적는다.
> 예 무늬(紋), 보늬, 늴리리, 닁큼, 오늬, 하늬바람

⑤ 한자음 '녀, 뇨, 뉴, 니'가 단어 첫머리에 올 적에는 두음 법칙에 따라 '여, 요, 유, 이'로 적는다.
> 예 여자(女子), 요소(尿素), 유대(紐帶), 익명(匿名)

※ 다만, 다음과 같은 의존 명사에서는 '냐, 녀' 음을 인정한다.
> 예 냥(兩), 냥쭝(兩-), 년(年)(몇 년)

⊙ 단어의 첫머리 이외의 경우에는 본음대로 적는다.
> 예 남녀(男女), 당뇨(糖尿), 결뉴(結紐), 은닉(隱匿)

⊙ 접두사처럼 쓰이는 한자가 붙어서 된 말이나 합성어에서, 뒷말의 첫소리가 'ㄴ' 소리로 나더라도 두음 법칙에 따라 적는다.
> 예 신여성(新女性), 공염불(空念佛), 남존여비(男尊女卑)

⑥ 한자음 '랴, 려, 례, 료, 류, 리'가 단어의 첫머리에 올 적에는 두음 법칙에 따라 '야, 여, 예, 요, 유, 이'로 적는다.

　　예 양심(良心), 용궁(龍宮), 역사(歷史), 유행(流行), 예의(禮儀), 이발(理髮)

　　※ 다만, 다음과 같은 의존 명사는 본음대로 적는다.

　　　예 리(里) : 몇 리냐? / 리(理) : 그럴 리가 없다.

　　㉠ 단어의 첫머리 이외의 경우에는 본음대로 적는다.

　　　예 개량(改良), 선량(善良), 협력(協力), 혼례(婚禮), 와룡(臥龍), 쌍룡(雙龍), 낙뢰(落雷), 광한루(廣寒樓), 동구릉(東九陵), 가정란
　　　　(家庭欄)

　　　※ 다만, 모음이나 'ㄴ' 받침 뒤에 이어지는 '렬, 률'은 '열, 율'로 적는다.

　　　　예 나열(羅列), 진열(陳列), 선율(旋律), 비율(比率), 규율(規律), 분열(分裂), 백분율(百分率)

　　㉡ 준말에서 본음으로 소리 나는 것은 본음대로 적는다.

　　　예 국련(국제연합), 대한교련(대한교육연합회)

　　㉢ 접두사처럼 쓰이는 한자가 붙어서 된 말이나 합성어에서 뒷말의 첫소리가 'ㄴ' 또는 'ㄹ' 소리로 나더라도 두음
　　　법칙에 따라 적는다.

　　　예 역이용(逆利用), 연이율(年利率), 열역학(熱力學), 해외여행(海外旅行)

⑦ 한 단어 안에서 같은 음절이나 비슷한 음절이 겹쳐 나는 부분은 같은 글자로 적는다.

　　예 똑딱똑딱, 쓱싹쓱싹, 씁쓸하다, 유유상종(類類相從)

⑧ 용언의 어간과 어미는 구별하여 적는다.

　　예 먹다, 먹고, 먹어, 먹으니

　　㉠ 두 개의 용언이 어울려 한 개의 용언이 될 적에, 앞말의 본뜻이 유지되고 있는 것은 그 원형을 밝히어 적고,
　　　그 본뜻에서 멀어진 것은 밝히어 적지 아니한다.

　　　• 앞말의 본뜻이 유지되고 있는 것

　　　예 넘어지다, 늘어나다, 돌아가다, 되짚어가다, 엎어지다, 흩어지다

　　　• 본뜻에서 멀어진 것

　　　예 드러나다, 사라지다, 쓰러지다

　　㉡ 종결형에서 사용되는 어미 '-오'는 '요'로 소리 나는 경우가 있더라도 그 원형을 밝혀 '오'로 적는다.

　　　예 이것은 책이오.

　　㉢ 연결형에서 사용되는 '이요'는 '이요'로 적는다.

　　　예 이것은 책이요, 저것은 붓이요, 또 저것은 먹이다.

⑨ 어미 뒤에 덧붙는 조사 '요'는 '요'로 적는다.

　　예 읽어요, 참으리요, 좋지요

⑩ 어간에 '-이'나 '-음 / -ㅁ'이 붙어서 명사로 된 것과 '-이'나 '-히'가 붙어서 부사로 된 것은 그 어간의 원형을 밝
　　히어 적는다.

　　예 얼음, 굳이, 더욱이, 일찍이, 익히, 앎, 만듦, 짓궂이, 밝히

⑦ 어간에 '-이'나 '-음'이 붙어서 명사로 바뀐 것이라도 그 어간의 뜻과 멀어진 것은 원형을 밝히어 적지 아니한다.

　예 굽도리, 다리(髢), 목거리(목병), 무녀리, 거름(비료), 고름(膿), 노름(도박)

㉡ 어간에 '-이'나 '-음' 이외의 모음으로 시작된 접미사가 붙어서 다른 품사로 바뀐 것은 그 어간의 원형을 밝히어 적지 아니한다.

　예 귀머거리, 까마귀, 너머, 마개, 비렁뱅이, 쓰레기, 올가미, 주검, 도로, 뜨덤뜨덤, 바투, 비로소

⑪ 명사 뒤에 '-이'가 붙어서 된 말은 그 명사의 원형을 밝히어 적는다.

　예 곳곳이, 낱낱이, 몫몫이, 샅샅이, 집집이, 곰배팔이, 바둑이, 삼발이, 애꾸눈이, 육손이, 절뚝발이 / 절름발이, 딸깍발이

　※ '-이' 이외의 모음으로 시작된 접미사가 붙어서 된 말은 그 명사의 원형을 밝히어 적지 아니한다.

　　예 꼬락서니, 끄트머리, 모가치, 바가지, 사타구니, 싸라기, 이파리, 지붕, 지푸라기, 짜개

⑫ '-하다'나 '-거리다'가 붙는 어근에 '-이'가 붙어서 명사가 된 것은 그 원형을 밝히어 적는다.

　예 깔쭉이, 살살이, 꿀꿀이, 눈깜짝이, 오뚝이, 더펄이, 코납작이, 배불뚝이, 푸석이, 홀쭉이

　※ '-하다'나 '-거리다'가 붙을 수 없는 어근에 '-이'나 또는 다른 모음으로 시작되는 접미사가 붙어서 명사가 된 것은 그 원형을 밝히어 적지 아니한다.

　　예 개구리, 귀뚜라미, 깍두기, 꽹과리, 날라리, 두드러기, 딱따구리, 부스러기, 뻐꾸기, 얼루기, 칼싹두기

⑬ '-하다'가 붙는 어근에 '-히'나 '-이'가 붙어 부사가 되거나, 부사에 '-이'가 붙어서 뜻을 더하는 경우에는, 그 어근이나 부사의 원형을 밝히어 적는다.

　예 급히, 꾸준히, 도저히, 딱히, 어렴풋이, 깨끗이, 곰곰이, 더욱이, 생긋이, 오뚝이, 일찍이, 해죽이

　※ '-하다'가 붙지 않는 경우에는 소리대로 적는다.

　　예 갑자기, 반드시(꼭), 슬며시

⑭ 사이시옷은 다음과 같은 경우에 받치어 적는다.

　㉠ 순 우리말로 된 합성어로서 앞말이 모음으로 끝난 경우

　　• 뒷말의 첫소리가 된소리로 나는 것

　　　예 귓밥, 나룻배, 나뭇가지, 냇가, 댓가지, 뒷갈망, 맷돌, 머릿기름, 모깃불, 부싯돌, 선짓국, 잇자국, 쳇바퀴, 킷값, 핏대, 혓바늘

　　• 뒷말의 첫소리 'ㄴ', 'ㅁ' 앞에서 'ㄴ' 소리가 덧나는 것

　　　예 멧나물, 아랫니, 텃마당, 아랫마을, 뒷머리, 잇몸, 깻묵

　　• 뒷말의 첫소리 모음 앞에서 'ㄴㄴ' 소리가 덧나는 것

　　　예 도리깻열, 뒷윷, 두렛일, 뒷일, 뒷입맛, 베갯잇, 욧잇, 깻잎, 나뭇잎, 댓잎

　㉡ 순 우리말과 한자어로 된 합성어로서 앞말이 모음으로 끝난 경우

　　• 뒷말의 첫소리가 된소리로 나는 것

　　　예 귓병, 머릿방, 샛강, 아랫방, 자릿세, 전셋집, 찻잔, 콧병, 탯줄, 텃세, 햇수, 횟배

• 뒷말의 첫소리 'ㄴ', 'ㅁ' 앞에서 'ㄴ' 소리가 덧나는 것

예 곗날, 제삿날, 훗날, 툇마루, 양칫물

• 뒷말의 첫소리 모음 앞에서 'ㄴㄴ' 소리가 덧나는 것

예 가욋일, 사삿일, 예삿일, 훗일

ⓒ 두 음절로 된 다음 한자어

예 곳간(庫間), 셋방(貰房), 숫자(數字), 찻간(車間), 툇간(退間), 횟수(回數)

※ 사이시옷을 붙이지 않는 경우

예 개수(個數), 전세방(傳貰房), 초점(焦點), 대구법(對句法)

⑮ 두 말이 어울릴 적에 'ㅂ' 소리나 'ㅎ' 소리가 덧나는 것은 소리대로 적는다.

예 댑싸리, 멥쌀, 볍씨, 햅쌀, 머리카락, 살코기, 수컷, 수탉, 안팎, 암캐, 암탉

⑯ 어간의 끝음절 '하'의 'ㅏ'가 줄고 'ㅎ'이 다음 음절의 첫소리와 어울려 거센소리로 될 적에는 거센소리로 적는다.

본말	준말	본말	준말
간편하게	간편케	다정하다	다정타
연구하도록	연구토록	정결하다	정결타
가하다	가타	흔하다	흔타

㉠ 어간의 끝음절 '하'가 아주 줄 적에는 준 대로 적는다.

본말	준말	본말	준말
거북하지	거북지	넉넉하지 않다	넉넉지 않다
생각하건대	생각건대	생각하다 못해	생각다 못해
섭섭하지 않다	섭섭지 않다	익숙하지 않다	익숙지 않다

㉡ 다음과 같은 부사는 소리대로 적는다.

예 결단코, 결코, 기필코, 무심코, 아무튼, 요컨대, 정녕코, 필연코, 하마터면, 하여튼, 한사코

⑰ 부사의 끝음절이 분명히 '이'로만 나는 것은 '-이'로 적고, '히'로만 나거나 '이'나 '히'로 나는 것은 '-히'로 적는다.

㉠ '이'로만 나는 것

예 가붓이, 깨끗이, 나붓이, 느긋이, 둥긋이, 따뜻이, 반듯이, 버젓이, 산뜻이, 의젓이, 가까이, 고이, 날카로이, 대수로이, 번거로이, 많이, 적이, 겹겹이, 번번이, 일일이, 틈틈이

㉡ '히'로만 나는 것

예 극히, 급히, 딱히, 속히, 작히, 족히, 특히, 엄격히, 정확히

㉢ '이, 히'로 나는 것

예 솔직히, 가만히, 소홀히, 쓸쓸히, 정결히, 꼼꼼히, 열심히, 급급히, 답답히, 섭섭히, 공평히, 분명히, 조용히, 간소히, 고요히, 도저히

⑱ 한자어에서 본음으로도 나고 속음으로도 나는 것은 각각 그 소리에 따라 적는다.

본음으로 나는 것	속음으로 나는 것
승낙(承諾)	수락(受諾), 쾌락(快諾), 허락(許諾)
만난(萬難)	곤란(困難), 논란(論難)
안녕(安寧)	의령(宜寧), 회령(會寧)
분노(忿怒)	대로(大怒), 희로애락(喜怒哀樂)
토론(討論)	의논(議論)
오륙십(五六十)	오뉴월, 유월(六月)
목재(木材)	모과(木瓜)
십일(十日)	시방정토(十方淨土), 시왕(十王), 시월(十月)
팔일(八日)	초파일(初八日)

⑲ 다음과 같은 접미사는 된소리로 적는다.
> 예 심부름꾼, 귀때기, 익살꾼, 볼때기, 일꾼, 판자때기, 뒤꿈치, 장난꾼, 팔꿈치, 지게꾼, 이마빼기, 코빼기, 객쩍다, 성깔, 겸연쩍다

⑳ 두 가지로 구별하여 적던 다음 말들은 한 가지로 적는다.
> 예 맞추다(마추다×) : 입을 맞춘다. 양복을 맞춘다. / 뻗치다(뻐치다×) : 다리를 뻗친다. 멀리 뻗친다.

※ '-더라, -던'과 '-든지'는 다음과 같이 적는다.
    ㉠ 지난 일을 나타내는 어미는 '-더라, -던'으로 적는다.
> 예 지난겨울은 몹시 춥더라. 그 사람 말 잘하던데!

    ㉡ 물건이나 일의 내용을 가리지 아니하는 뜻을 나타내는 조사와 어미는 '-든지'로 적는다.
> 예 배든지 사과든지 마음대로 먹어라. 가든지 오든지 마음대로 해라.

(3) 띄어쓰기

문장의 각 단어는 띄어 씀을 원칙으로 한다(다만, 조사는 붙여 씀).

① 조사는 그 앞말에 붙여 쓴다.
> 예 너조차, 꽃마저, 꽃입니다, 꽃처럼, 어디까지나, 거기도, 멀리는, 웃고만

② 의존 명사는 띄어 쓴다.
> 예 아는 것이 힘이다. 나도 할 수 있다. 먹을 만큼 먹어라. 아는 이를 만났다.

③ 단위를 나타내는 명사는 띄어 쓴다.
> 예 한 개, 차 한 대, 금 서 돈, 조기 한 손, 버선 한 죽

※ 다만, 순서를 나타내는 경우나 숫자와 어울리어 쓰이는 경우에는 붙여 쓸 수 있다.
> 예 두시 삼십분 오초, 제일과, 삼학년, 1446년 10월 9일, 2대대, 16동 502호, 제1어학 실습실

④ 수를 적을 적에는 '만(萬)' 단위로 띄어 쓴다.

> 예 십이억 삼천사백오십육만 칠천팔백구십팔, 12억 3456만 7898

⑤ 두 말을 이어 주거나 열거할 적에 쓰이는 말들은 띄어 쓴다.

> 예 국장 겸 과장, 열 내지 스물, 청군 대 백군, 이사장 및 이사들

⑥ 단음절로 된 단어가 연이어 나타날 적에는 붙여 쓸 수 있다.

> 예 그때 그곳, 좀더 큰것, 이말 저말, 한잎 두잎

⑦ 보조 용언은 띄어 씀을 원칙으로 하되, 경우에 따라 붙여 씀도 허용한다.

원칙	허용
불이 꺼져 간다.	불이 꺼져간다.
내 힘으로 막아 낸다.	내 힘으로 막아낸다.
어머니를 도와 드린다.	어머니를 도와드린다.
비가 올 성싶다.	비가 올성싶다.
잘 아는 척한다.	잘 아는척한다.

⑧ 성과 이름, 성과 호 등은 붙여 쓰고, 이에 덧붙는 호칭어, 관직명 등은 띄어 쓴다.

> 예 서화담(徐花潭), 채영신 씨, 최치원 선생, 박동식 박사, 충무공 이순신 장군

⑨ 성명 이외의 고유 명사는 단어별로 띄어 씀을 원칙으로 하되, 단위별로 띄어 쓸 수 있다.

> 예 한국 대학교 사범 대학(원칙), 한국대학교 사범대학(허용)

02. 표준어 규정

(1) 제정 원칙

표준어는 교양 있는 사람들이 두루 쓰는 현대 서울말로 정함을 원칙으로 한다.

(2) 주요 표준어

① 다음 단어들은 거센소리를 가진 형태를 표준어로 삼는다.

> 예 끄나풀, 빈 칸, 부엌, 살쾡이, 녘

② 어원에서 멀어진 형태로 굳어져서 널리 쓰이는 것은, 그것을 표준어로 삼는다.

③ 다음 단어들은 의미를 구별함이 없이, 한 가지 형태만을 표준어로 삼는다.

> 예 돌, 둘째, 셋째, 넷째, 열두째, 빌리다

④ 수컷을 이르는 접두사는 '수-'로 통일한다.

　　예 수꿩, 수소, 수나사, 수놈, 수사돈, 수은행나무

　　㉠ 다음 단어에서는 접두사 다음에서 나는 거센소리를 인정한다. 접두사 '암-'이 결합되는 경우에도 이에 준한다.

　　　예 수캉아지, 수캐, 수컷, 수키와, 수탉, 수탕나귀, 수톨쩌귀, 수퇘지, 수평아리

　　㉡ 다음 단어의 접두사는 '숫-'으로 한다.

　　　예 숫양, 숫쥐, 숫염소

⑤ 양성 모음이 음성 모음으로 바뀌어 굳어진 다음 단어는 음성 모음 형태를 표준어로 삼는다.

　　예 깡충깡충, -둥이, 발가숭이, 보퉁이, 뻗정다리, 아서, 아서라, 오뚝이, 주추

　　※ 다만, 어원 의식이 강하게 작용하는 다음 단어에서는 양성 모음 형태를 그대로 표준어로 삼는다.

　　　예 부조(扶助), 사돈(査頓), 삼촌(三寸)

⑥ 'ㅣ' 역행 동화 현상에 의한 발음은 원칙적으로 표준 발음으로 인정하지 아니하되, 다만 다음 단어들은 그러한 동화가 적용된 형태를 표준어로 삼는다.

　　예 풋내기, 냄비, 동댕이치다

　　㉠ 다음 단어는 'ㅣ' 역행 동화가 일어나지 아니한 형태를 표준어로 삼는다.

　　　예 아지랑이

　　㉡ 기술자에게는 '-장이', 그 외에는 '-쟁이'가 붙는 형태를 표준어로 삼는다.

　　　예 미장이, 유기장이, 멋쟁이, 소금쟁이, 담쟁이덩굴

⑦ 다음 단어는 모음이 단순화한 형태를 표준어로 삼는다.

　　예 괴팍하다, 미루나무, 미륵, 여느, 으레, 케케묵다, 허우대

⑧ 다음 단어에서는 모음의 발음 변화를 인정하여, 발음이 바뀌어 굳어진 형태를 표준어로 삼는다.

　　예 깍쟁이, 나무라다, 바라다, 상추, 주책, 지루하다, 튀기, 허드레, 호루라기, 시러베아들

⑨ '웃-' 및 '윗-'은 명사 '위'에 맞추어 '윗-'으로 통일한다.

　　예 윗도리, 윗니, 윗목, 윗몸, 윗자리, 윗잇몸

　　㉠ 된소리나 거센소리 앞에서는 '위-'로 한다.

　　　예 위쪽, 위층, 위치마, 위턱

　　㉡ '아래, 위'의 대립이 없는 단어는 '웃-'으로 발음되는 형태를 표준어로 삼는다.

　　　예 웃국, 웃돈, 웃비, 웃어른, 웃옷

⑩ 한자 '구(句)'가 붙어서 이루어진 단어는 '귀'로 읽는 것을 인정하지 아니하고, '구'로 통일한다.

　　예 구절(句節), 결구(結句), 경구(警句), 단구(短句), 대구(對句), 문구(文句), 어구(語句), 연구(聯句), 인용구(引用句), 절구(絕句)

　　※ 다만, 다음 단어는 '귀'로 발음되는 형태를 표준어로 삼는다.

　　　예 글귀, 귀글

⑪ 준말이 널리 쓰이고 본말이 잘 쓰이지 않는 경우에는, 준말만을 표준어로 삼는다.

　　예 귀찮다, 또리, 무, 뱀, 빔, 샘, 생쥐, 솔개, 온갖, 장사치

⑫ 준말이 쓰이고 있더라도, 본말이 널리 쓰이고 있으면 본말을 표준어로 삼는다.

　　예 경황없다, 궁상떨다, 귀이개, 낌새, 낙인찍다, 돗자리, 뒤웅박, 마구잡이, 부스럼, 살얼음판, 수두룩하다, 일구다, 퇴박맞다

⑬ 어감의 차이를 나타내는 단어 또는 발음이 비슷한 단어들이 다 같이 널리 쓰이는 경우에는, 그 모두를 표준어로 삼는다.

　　예 거슴츠레하다 / 게슴츠레하다, 고린내 / 코린내, 꺼림하다 / 께름하다, 나부랭이 / 너부렁이

⑭ 사어(死語)가 되어 쓰이지 않게 된 단어는 고어로 처리하고, 현재 널리 사용되는 단어를 표준어로 삼는다.

　　예 난봉, 낭떠러지, 설거지하다, 애달프다, 자두

⑮ 한 가지 의미를 나타내는 형태 몇 가지가 널리 쓰이며 표준어 규정에 맞으면, 그 모두를 표준어로 삼는다(복수 표준어).

　　예 멍게 / 우렁쉥이, 가엾다 / 가엽다, 넝쿨 / 덩굴, 눈대중 / 눈어림 / 눈짐작, -뜨리다 / -트리다, 부침개질 / 부침질 / 지짐질, 생 / 새앙 / 생강, 여쭈다 / 여쭙다, 우레 / 천둥, 엿가락 / 엿가래, 자물쇠 / 자물통

(3) 표준 발음법

표준 발음법은 표준어의 실제 발음을 따르되, 국어의 전통성과 합리성을 고려하여 정함을 원칙으로 한다.

① 겹받침 'ㄳ', 'ㄵ', 'ㄼ, ㄽ, ㄾ', 'ㅄ'은 어말 또는 자음 앞에서 각각 [ㄱ, ㄴ, ㄹ, ㅂ]으로 발음한다.

　　예 넋[넉], 넋과[넉꽈], 앉다[안따], 여덟[여덜], 넓다[널따], 외곬[외골], 핥다[할따], 값[갑], 없다[업 : 따]

② '밟-'은 자음 앞에서 [밥]으로 발음하고, '넓-'은 다음과 같은 경우에 [넙]으로 발음한다.

　　예 밟다[밥 : 따], 밟는[밤 : 는], 넓죽하다[넙쭈카다], 넓둥글다[넙뚱글다]

③ 겹받침 'ㄺ', 'ㄻ', 'ㄿ'은 어말 또는 자음 앞에서 각각 [ㄱ, ㅁ, ㅂ]으로 발음한다.

　　예 닭[닥], 흙과[흑꽈], 맑다[막따], 늙지[늑찌], 삶[삼 :], 젊다[점 : 따], 읊고[읍꼬], 읊다[읍따]

④ 용언의 어간 말음 'ㄺ'은 'ㄱ' 앞에서 [ㄹ]로 발음한다.

　　예 맑게[말께], 묽고[물꼬], 얽거나[얼꺼나]

⑤ 'ㅎ(ㄶ, ㅀ)' 뒤에 'ㄱ, ㄷ, ㅈ'이 결합되는 경우에는, 뒤음절 첫소리와 합쳐서 [ㅋ, ㅌ, ㅊ]으로 발음한다.

　　예 놓고[노코], 좋던[조 : 턴], 쌓지[싸치], 많고[만 : 코], 닳지[달치]

⑥ 'ㅎ(ㄶ, ㅀ)' 뒤에 모음으로 시작된 어미나 접미사가 결합되는 경우에는, 'ㅎ'을 발음하지 않는다.

　　예 낳은[나은], 놓아[노아], 쌓이다[싸이다], 싫어도[시러도]

⑦ 받침 뒤에 모음 'ㅏ, ㅓ, ㅗ, ㅜ, ㅟ'들로 시작되는 실질 형태소가 연결되는 경우에는, 대표음으로 바꾸어서 뒤음절 첫소리로 옮겨 발음한다.

　　예 밭 아래[바다래], 늪 앞[느밥], 젖어미[저더미], 맛없다[마덥따], 겉옷[거돋], 헛웃음[허두슴], 꽃 위[꼬뒤]

　　※ '맛있다, 멋있다'는 [마싣따], [머싣따]로도 발음할 수 있다.

⑧ 한글 자모의 이름은 그 받침소리를 연음하되, 'ㄷ, ㅈ, ㅊ, ㅋ, ㅌ, ㅍ, ㅎ'의 경우에는 특별히 다음과 같이 발음한다.

  예 디귿이[디그시], 지읒이[지으시], 치읓이[치으시], 키읔이[키으기], 티읕이[티으시], 피읖이[피으비], 히읗이[히으시]

⑨ 받침 'ㄷ, ㅌ(ㄾ)'이 조사나 접미사의 모음 'ㅣ'와 결합되는 경우에는, [ㅈ, ㅊ]으로 바꾸어서 뒤 음절 첫소리로 옮겨 발음한다.

  예 곧이듣다[고지듣따], 굳이[구지], 미닫이[미다지], 땀받이[땀바지]

⑩ 받침 'ㄱ(ㄲ, ㅋ, ㄳ, ㄺ), ㄷ(ㅅ, ㅆ, ㅈ, ㅊ, ㅌ, ㅎ), ㅂ(ㅍ, ㄼ, ㄿ, ㅄ)'은 'ㄴ, ㅁ' 앞에서 [ㅇ, ㄴ, ㅁ]으로 발음한다.

  예 먹는[멍는], 국물[궁물], 깎는[깡는], 키읔만[키응만], 몫몫이[몽목씨], 긁는[긍는], 흙만[흥만], 짓는[진 : 는], 옷맵시[온맵씨], 맞는[만는], 젖멍울[전멍울], 쫓는[쫀는], 꽃망울[꼰망울], 놓는[논는], 잡는[잠는], 앞마당[암마당], 밟는[밤 : 는], 읊는[음는], 없는[엄 : 는]

⑪ 받침 'ㅁ, ㅇ' 뒤에 연결되는 'ㄹ'은 [ㄴ]으로 발음한다.

  예 담력[담 : 녁], 침략[침냑], 강릉[강능], 대통령[대 : 통녕]

⑫ 'ㄴ'은 'ㄹ'의 앞이나 뒤에서 [ㄹ]로 발음한다.

  예 난로[날 : 로], 신라[실라], 광한루[광 : 할루], 대관령[대 : 괄령], 칼날[칼랄]

  ※ 다만, 다음과 같은 단어들은 'ㄹ'을 [ㄴ]으로 발음한다.

    예 의견란[의 : 견난], 임진란[임 : 진난], 생산량[생산냥], 결단력[결딴녁], 공권력[공꿘녁], 상견례[상견녜], 횡단로[횡단노], 이원론[이 : 원논], 입원료[이붠뇨]

⑬ 받침 'ㄱ(ㄲ, ㅋ, ㄳ, ㄺ), ㄷ(ㅅ, ㅆ, ㅈ, ㅊ, ㅌ), ㅂ(ㅍ, ㄼ, ㄿ, ㅄ)' 뒤에 연결되는 'ㄱ, ㄷ, ㅂ, ㅅ, ㅈ'은 된소리로 발음한다.

  예 국밥[국빱], 깎다[깍따], 삯돈[삭똔], 닭장[닥짱], 옷고름[옫꼬름], 낯설다[낟썰다], 덮개[덥깨], 넓죽하다[넙쭈카다], 읊조리다[읍쪼리다], 값지다[갑찌다]

⑭ 어간 받침 'ㄴ(ㄵ), ㅁ(ㄻ)' 뒤에 결합되는 어미의 첫소리 'ㄱ, ㄷ, ㅅ, ㅈ'은 된소리로 발음한다.

  예 신고[신 : 꼬], 껴안다[껴안따], 앉고[안꼬], 닮고[담 : 꼬], 젊지[점 : 찌]

  ※ 다만, 피동, 사동의 접미사 '-기-'는 된소리로 발음하지 않는다.

    예 안기다, 감기다, 굶기다, 옮기다

⑮ 표기상으로는 사이시옷이 없더라도, 관형격 기능을 지니는 사이시옷이 있어야 할(휴지가 성립되는) 합성어의 경우에는, 뒤 단어의 첫소리 'ㄱ, ㄷ, ㅂ, ㅅ, ㅈ'을 된소리로 발음한다.

  예 문고리[문꼬리], 눈동자[눈똥자], 산새[산쌔], 길가[길까], 강가[강까], 초승달[초승딸], 창살[창쌀]

⑯ 합성어 및 파생어에서, 앞 단어나 접두사의 끝이 자음이고 뒤 단어나 접미사의 첫음절이 '이, 야, 여, 요, 유'인 경우에는, 'ㄴ' 소리를 첨가하여 [니, 냐, 녀, 뇨, 뉴]로 발음한다.

  예 솜이불[솜 : 니불], 막일[망닐], 삯일[상닐], 내복약[내 : 봉냑], 남존여비[남존녀비], 늑막염[능망념], 눈요기[눈뇨기], 식용유[시굥뉴]

※ 다만, 다음과 같은 말들은 'ㄴ' 소리를 첨가하여 발음하되, 표기대로 발음할 수 있다.

> 예 이죽이죽[이중니죽 / 이주기죽], 야금야금[야금냐금 / 야그마금], 검열[검 : 녈 / 거 : 멸], 금융[금늉 / 그뮹]

㉠ 'ㄹ' 받침 뒤에 첨가되는 'ㄴ' 음은 [ㄹ]로 발음한다.

> 예 솔잎[솔립], 설익다[설릭따], 물약[물략], 유들유들[유들류들]

㉡ 두 단어를 이어서 한 마디로 발음하는 경우에도 이에 준한다.

> 예 옷 입다[온닙따], 서른여섯[서른녀섣], 3연대[삼년대], 먹은 엿[머근녇], 스물여섯[스물려섣], 1연대[일련대], 먹을 엿[머글렫]

> ※ 다만, 다음과 같은 단어에서는 'ㄴ(ㄹ)' 음을 첨가하여 발음하지 않는다.

> > 예 6 · 25[유기오], 3 · 1절[사밀쩔], 송별연[송: 벼련], 등용문[등용문]

⑰ 사이시옷이 붙은 단어는 다음과 같이 발음한다.

㉠ 'ㄱ, ㄷ, ㅂ, ㅅ, ㅈ'으로 시작되는 단어 앞에 사이시옷이 올 때에는 이들 자음만을 된소리로 발음하는 것을 원칙으로 하되, 사이시옷을 [ㄷ]으로 발음하는 것도 허용한다.

> 예 냇가[내 : 까 / 낻 : 까], 샛길[새 : 낄 / 샏 : 낄], 깃발[기빨 / 긷빨], 뱃전[배쩐 / 밷쩐]

㉡ 사이시옷 뒤에 'ㄴ, ㅁ'이 결합되는 경우에는 [ㄴ]으로 발음한다.

> 예 콧날[콛날 → 콘날], 아랫니[아랟니 → 아랜니], 툇마루[퇻 : 마루 → 퇸 : 마루], 뱃머리[밷머리 → 밴머리]

㉢ 사이시옷 뒤에 '이' 음이 결합되는 경우에는 [ㄴㄴ]으로 발음한다.

> 예 베갯잇[베갣닏 → 베갠닏], 깻잎[깯닙 → 깬닙], 나뭇잎[나묻닙 → 나문닙], 도리깻열[도리깯녈 → 도리깬녈], 뒷윷[뒫 : 뉻 → 뒨 : 뉻]

03. 외래어 표기법

(1) 외래어는 국어의 현용 24자모만으로 적는다.

(2) 외래어의 1음운은 원칙적으로 1기호로 적는다.

(3) 받침에는 'ㄱ, ㄴ, ㄹ, ㅁ, ㅂ, ㅅ, ㅇ'만을 쓴다.

(4) 파열음 표기에는 된소리를 쓰지 않는 것을 원칙으로 한다.

(5) 이미 굳어진 외래어는 관용을 존중하되, 그 범위와 용례는 따로 정한다.

자주 출제되지만 틀리기 쉬운 외래어 표기

• 초콜렛→초콜릿	• 요쿠르트→요구르트	• 부르조아→부르주아
• 카운셀링→카운슬링	• 비스켓→비스킷	• 플랭카드→플래카드
• 앰브란스→앰뷸런스	• 심포지움→심포지엄	• 스티로폴→스티로폼
• 팜플렛→팸플릿	• 상들리에→샹들리에	• 앵콜→앙코르
• 샌달→샌들	• 레미컨→레미콘	• 쇼파→소파
• 스폰지→스펀지	• 렌트카→렌터카	• 모라토리옴→모라토리엄

04. 로마자 표기법

(1) 표기의 기본 원칙

① 국어의 로마자 표기는 국어의 표준 발음법에 따라 적는 것을 원칙으로 한다.

② 로마자 이외의 부호는 되도록 사용하지 않는다.

③ 표기 일람

  ㉠ 모음

    • 단모음

ㅏ	ㅓ	ㅗ	ㅜ	ㅡ	ㅣ	ㅐ	ㅔ	ㅚ	ㅟ
a	eo	o	u	eu	i	ae	e	oe	wi

    • 이중모음

ㅑ	ㅕ	ㅛ	ㅠ	ㅒ	ㅖ	ㅘ	ㅙ	ㅝ	ㅞ	ㅢ
ya	yeo	yo	yu	yae	ye	wa	wae	wo	we	ui

  ㉡ 자음

    • 파열음

ㄱ	ㄲ	ㅋ	ㄷ	ㄸ	ㅌ	ㅂ	ㅃ	ㅍ
g, k	kk	k	d, t	tt	t	b, p	pp	p

    • 파찰음

ㅈ	ㅉ	ㅊ
j	jj	ch

    • 마찰음

ㅅ	ㅆ	ㅎ
s	ss	h

    • 비음

ㄴ	ㅁ	ㅇ
n	m	ng

    • 유음

ㄹ
r, l

02 수리력

1 응용계산

01. 확률

(1) 경우의 수

① 한 사건 A가 a가지 방법으로 일어나고 다른 사건 B가 b가지 방법으로 일어난다.

    ㉠ 사건 A, B가 동시에 일어난다 : 동시에 일어나는 경우가 C가지 있을 때 경우의 수는 $a+b-c$가지이다.

    ㉡ 사건 A, B가 동시에 일어나지 않는다 : 경우의 수는 $a+b$가지이다.

② 한 사건 A가 a가지 방법으로 일어나며 일어난 각각에 대하여 다른 사건 B가 b가지 방법으로 일어날 때 A, B 동시에 일어나는 경우의 수는 $a \times b$가지이다.

(2) 조합

① 조합의 수…서로 다른 n개에서 순서를 고려치 않고 r개를 택할 경우 이 r개로 이루어진 각각의 집합을 말한다.

$$_nC_r = \frac{_nP_r}{r!} = \frac{n!}{r!(n-r)!}, \ _nC_r = {}_nC_{n-r} \ (n \geq r), \ _nC_0 = 1$$

② 중복조합…서로 다른 n개에서 중복을 허락하여 r개를 택하는 조합이다.

$$_nH_r = {}_{n+r-1}C_r$$

(3) 순열

① 순열의 수…서로 다른 n개에서 r개를 택하여 순서 있게 늘어놓는 것이다.

    ㉠ $_nP_r = \underset{r\text{개}}{\underline{n(n-1)(n-2) \times \cdots \times (n-r+1)}}$ (단, $0 \leq r \leq n$)

    ㉡ $_nP_r = \frac{n!}{(n-r)!}, \ 0! = 1, \ _nP_0 = 1, \ _nP_n = n!, \ n! = n(n-1) \times \cdots \times 3 \times 2 \times 1$

② 중복순열 … 서로 다른 n개에서 중복을 허용하고 r개를 택하여 일렬로 배열한 것이다. $_n\Pi_r = n^r$

③ 원순열 … 서로 다른 n개의 원소를 원형으로 배열하는 방법의 수는 $(n-1)!$, 뒤집어 놓을 수 있는 원순열의 수는 $\frac{1}{2}(n-1)!$

(4) 확률

사건 A가 일어날 수학적 확률을 $P(A)$라 하면

$$P(A) = \frac{A\text{에 속하는 근원사건의 개수}}{\text{근원사건의 총 개수}}$$

임의의 사건 A, 전사건 S, 공사건 ϕ라면

$0 \le P(A) \le 1$, $P(S) = 1$, $P(\phi) = 0$

02. 나이·금액·업무량 계산

부모와 자식, 형제간의 나이를 계산하는 비례식 문제, 집합과 방정식을 이용한 인원 수, 동물의 수, 사물의 수를 구하는 문제 등이 출제된다.

(1) 나이 계산

① 문제에 나오는 사람의 나이는 같은 수만큼 증감한다.

② 모든 사람의 나이 차이는 바뀌지 않으며 같은 차이만큼 나이가 바뀐다.

(2) 금액 계산

총액 / 잔액 지불하는 상대 등의 관계를 정확히 하여 문제를 잘 읽고, 대차 등의 관계를 파악한다.

① 정가＝원가＋이익＝원가(원가 × 이율)

② 원가 = 정가×(1−할인율)

③ x원에서 y원을 할인한 할인율 $= \frac{y}{x} \times 100 = \frac{100y}{x}(\%)$

④ x원에서 $y\%$ 할인한 가격 $= x \times \left(1 - \dfrac{y}{100}\right)$

⑤ 단리 · 복리 계산

　원금 : x, 이율 : y, 기간 : n, 원리금 합계 : S라고 할 때

　㉠ 단리 : $S = a(1 + rn)$

　㉡ 복리 : $S = a(1 + r)^n$

(3) 손익 계산

① 이익이 원가의 20%인 경우…원가 $\times 0.2$

② 정가가 원가의 20% 할증(20% 증가)의 경우…원가 $\times (1 + 0.2)$

③ 매가가 정가의 20% 할인(20% 감소)의 경우…정가 $\times (1 - 0.2)$

(4) 업무량 계산

① 인원수 $\times$ 시간 $\times$ 일수 = 전체 업무량

② 일한 시간 $\times$ 개인의 시간당 능력 = 제품 생산개수

03. 시간 · 거리 · 속도 계산

(1) 날짜, 시계 계산

① 1일=24시간=1,440분=86,400초

② 날짜와 요일 문제는 나머지를 이용하여 계산한다.

③ 분침에서 1분의 각도는 $360° \div 60 = 6°$

④ 시침에서 1시간의 각도는 $360° \div 12 = 30°$

⑤ 1시간 각도에서 시침의 분당 각도는 $30° \div 60 = 0.5°$

(2) 시간 · 거리 · 속도

① 거리 = 속도 × 시간

② 시간 = $\dfrac{거리}{속도}$

③ 속도 = $\dfrac{거리}{시간}$

　　㉠ 속도를 v, 시간을 t, 거리를 s로 하면

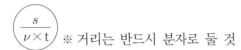

　　　　※ 거리는 반드시 분자로 둘 것

　　㉡ 속도 · 시간 · 거리의 관계를 명확히 하며, '단위'를 착각하지 않도록 주의한다.

(3) 물의 흐름

① 강 흐름의 속도 = (내리막의 속도 − 오르막의 속도)÷2

② 오르막과 내리막의 흐르는 속도의 차이에 주목한다.

③ 오르막은 강의 흐름에 역행이므로 '배의 속도 − 강의 흐름'이며 내리막은 강의 흐름이 더해지므로 '배의 속도 + 강의 흐름'이 된다.

(4) 열차의 통과

① 열차의 이동거리는, '목적물 + 열차의 길이'가 된다.

② 열차가 통과한다는 것은, 선두부터 맨 끝까지 통과하는 것이다.
③ 속도 · 시간 · 거리의 단위를 일치 시킨다(모두 m와 초(秒) 등으로 통일시켜 계산 한다).

④ 기차가 이동한 거리는 철교의 길이와 기차의 길이를 더한 것과 같다.

04. 나무심기

(1) 직선위의 나무의 수는 최초에 심는 한 그루를 더하여 계산한다.

(2) 네 방향으로 심을 때는 반드시 네 모퉁이에 심어지도록 간격을 정한다.

(3) 주위를 둘러싸면서 나무를 심을 경우에는 가로와 세로의 최대공약수가 나무사이의 간격이 된다.

05. 농도계산

(1) 식염의 양을 구한 후에 농도를 계산한다.

(2) 식염의 양(g) = 농도(%) × 식염수의 양(g) ÷ 100

(3) 구하는 농도 = $\dfrac{\text{식염} ① \times 100(\%)}{\text{식염} + \text{물} (= \text{식염수})}(\%)$

① 식염수에 물을 더할 경우 … 분모에 $(+x\,\mathrm{g})$의 식을 추가한다.

② 식염수에서 물을 증발시킬 경우 … 분모에 $(-x\,\mathrm{g})$을 추가한다.

③ 식염수에 식염을 더한 경우 … 분모, 분자 각각에 $(+x\,\mathrm{g})$을 추가한다.

2 자료해석

01. 자료해석 문제 유형

(1) 자료읽기 및 독해력

제시된 표나 그래프 등을 보고 표면적으로 제공하는 정보를 정확하게 읽어내는 능력을 확인하는 문제가 출제된다. 특별한 계산을 하지 않아도 자료에 대한 정확한 이해를 바탕으로 정답을 찾을 수 있다.

(2) 자료 이해 및 단순계산

문제가 요구하는 것을 찾아 자료의 어떤 부분을 갖고 그 문제를 해결해야 하는지를 파악할 수 있는 능력을 확인한다. 문제가 무엇을 요구하는지 자료를 잘 이해해서 사칙연산부터 나오는 숫자의 의미를 알아야 한다. 계산 자체는 단순한 것이 많지만 소수점의 위치 등에 유의한다. 자료 해석 문제는 무엇보다도 꼼꼼함을 요구한다. 숫자나 비율 등을 정확하게 확인하고, 이에 맞는 식을 도출해서 문제를 푸는 연습과 표를 보고 정확하게 해석할 수 있는 연습이 필요하다.

(3) 응용계산 및 자료추리

자료에 주어진 정보를 응용하여 관련된 다른 정보를 도출하는 능력을 확인하는 유형으로 각 자료의 변수의 관련성을 파악하여 문제를 풀어야 한다. 하나의 자료만을 제시하지 않고 두 개 이상의 자료가 제시한 후 각 자료의 특성을 정확히 이해하여 하나의 자료에서 도출한 내용을 바탕으로 다른 자료를 이용해서 문제를 해결하는 유형도 출제된다.

02. 대표적인 자료해석 문제 해결 공식

(1) 증감률

① 전년도 매출 ⋯ P

② 올해 매출 ⋯ N

③ 전년도 대비 증감률 ⋯ $\dfrac{N-P}{P} \times 100$

(2) 비례식

① 비교하는 양 : 기준량 = 비교하는 양 : 기준량

② 전항 : 후항 = 전항 : 후항

③ 외항 : 내항 = 내항 : 외항

(3) 백분율

$$비율 \times 100 = \dfrac{비교하는\ 양}{기준량} \times 100$$

예 아래의 표는 어느 학교의 운동부에 소속된 20명의 키에 대한 도수분포표이다.

등급(cm)	등급값(cm)	도수(명)	등급값 × 도수
145이상 ~ 150미만	147.5	ⓐ	295.0
150 ~ 155	152.5	ⓑ	ⓒ
155 ~ 160	157.5	4	630.0
160 ~ 165	162.5	5	812.5
165 ~ 170	ⓔ	3	502.5
170 ~ 175	172.5	2	345.0
175 ~ 180	177.5	1	177.5
계	1137.5	20	ⓓ

(1) ⓑ의 값은 얼마인가?

(2) ⓓ의 값은 얼마인가?

(3) 이 표에서 구해지는 평균 신장의 추정치는 얼마인가?

⑷ 이 표를 작성한 후에, 170～175의 등급에 해당하는 사람이 몇 명 들어와서, 전체 평균 신장의 측정치를 다시 계산하였더니 1.5cm 높아졌다. 새로 들어온 사람은 몇 명인가?

⇨ 계산을 신속히 처리하는 능력이 필요하며 또한 착오를 일으키기 쉬운 상황이므로 정확성을 갖는 것이 중요하다.

ⓐ ～ ⓔ의 기호를 이해한다.

ⓐ : $295.0 \div 147.5 = 2$

ⓑ : $20 - (2 + 4 + 5 + 3 + 2 + 1) = 3$

ⓒ : $152.5 \times 3 = 457.5$

ⓓ : $295.0 + 457.5 + 630.0 + 812.5 + 502.5 + 345.0 + 177.5 = 3220.0$

ⓔ : 165와 170의 사이의 숫자이므로 167.5

⑶은 '평균 신장의 추정치 = (등급값 × 도수의 합계) ÷ 도수의 합계'로 구할 수 있다.

⑷는 x명을 추가로 넣었다고 한다면, '등급값 × 도수'의 합계가, '$3220.0 + 172.5x$', 도수의 합계가, '$20+x$'가 된다. 다시 계산하면 '⑶의 값+1.5'가 된다고 생각하여 식을 만든다.

➤ (1) 3 (2) 3220.0 (3) 161cm (4) 3명

1 언어추리

01. 명제

(1) 명제

참, 거짓을 판별할 수 있는 문장이나 식

(2) 조건문

조건문 'P이면 Q이다'에서 P는 가정에 해당하고 Q는 결론에 해당한다.

(3) 역, 이, 대우

① 역 … 명제의 가정과 결론을 서로 바꾼 명제와 원명제와의 관계

$P \rightarrow Q \leftrightarrow Q \rightarrow P$

② 이 … 명제의 가정과 결론을 부정한 명제와 원명제와의 관계

$P \rightarrow Q \leftrightarrow \sim P \rightarrow \sim Q$

③ 대우 … 가정과 결론을 모두 부정하여 서로의 위치를 바꾼 명제와 원명제와의 관계. 원명제와 대우관계인 명제의 참 거짓은 항상 일치한다. 역, 이 관계에 있는 명제는 원명제의 참, 거짓과 항상 일치하지는 않는다.

$P \rightarrow Q \leftrightarrow \sim Q \rightarrow \sim P$

02. 여러 가지 추론

(1) 연역추론

① 직접추론 … 한 개의 전제에서 새로운 결론을 이끌어 내는 추론이다.

② 간접추론 … 두 개 이상의 전제에서 새로운 결론을 이끌어 내는 추론이다.

   ⊙ 정언삼단논법 : '모든 A는 B다', 'C는 A다', '따라서 C는 B다'와 같은 형식으로 일반적인 삼단논법이다.

      예 • 대전제 : 인간은 모두 죽는다.
        • 소전제 : 소크라테스는 인간이다.
        • 결론 : 소크라테스는 죽는다.

   ⊙ 가언삼단논법 : '만일 A라면 B다', 'A이다', '그러므로 B다'라는 형식의 논법이다.

      예 • 대전제 : 봄이 오면 뒷 산에 개나리가 핀다.
        • 소전제 : 봄이 왔다.
        • 결론 : 그러므로 뒷 산에 개나리가 핀다.

   ⊙ 선언삼단논법 : 'A거나 B이다'라는 형식의 논법이다.

      예 • 대전제 : 내일은 눈이 오거나 바람이 분다.
        • 소전제 : 내일은 눈이 오지 않는다.
        • 결론 : 그러므로 내일은 바람이 분다.

(2) 귀납추론

특수한 사실로부터 일반적이고 보편적인 법칙을 찾아내는 추론 방법이다.

① 통계적 귀납추론 … 어떤 집합의 구성 요소의 일부를 관찰하고 그것을 근거로 하여 같은 종류의 모든 대상들에게 그 속성이 있을 것이라는 결론을 도출하는 방법이다.

② 인과적 귀납추론 … 어떤 일의 결과나 원인을 과학적 지식이나 상식에 의거하여 밝혀내는 방법이다.

③ 완전 귀납추론 … 관찰하고자 하는 집합의 전체 원소를 빠짐없이 관찰함으로써 그 공통점을 결론으로 이끌어 내는 방법이다.

④ 유비추론 … 두 개의 현상에서 일련의 요소가 동일하다는 사실을 바탕으로 그것들의 나머지 요소도 동일하리라고 추측하는 방법이다.

03. 논리적 오류

(1) 자료적 오류

주장의 전제 또는 논거가 되는 자료를 잘못 판단하여 결론을 이끌어 내거나 원래 적합하지 못한 것임을 알면서도 의도적으로 논거로 삼음으로써 범하게 되는 오류이다.

① **성급한 일반화의 오류** … 제한된 정보, 불충분한 자료, 대표성을 결여한 사례 등 특수한 경우를 근거로 하여 이를 성급하게 일반화하는 오류이다.

② **우연의 오류**(원칙 혼동의 오류) … 일반적으로 그렇다고 해서 특수한 경우에도 그러할 것이라고 잘못 생각하는 오류이다.

③ **무지에의 호소** … 어떤 주장이 반증된 적이 없다는 이유로 받아들여져야 한다고 주장하거나, 결론이 증명된 것이 없다는 이유로 거절되어야 한다고 주장하는 오류이다.

④ **잘못된 유추의 오류** … 부당하게 적용된 유추에 의해 잘못된 결론을 이끌어 내는 오류, 즉 일부분이 비슷하다고 해서 나머지도 비슷할 것이라고 생각하는 오류이다.

⑤ **흑백논리의 오류** … 어떤 주장에 대해 선택 가능성이 두 가지밖에 없다고 생각함으로써 발생하는 오류이다.

⑥ **원인 오판의 오류**(거짓 원인을 내세우는 오류, 선후 인과의 오류, 잘못된 인과 관계의 오류) … 단순히 시간상의 선후관계만 있을 뿐인데 시간상 앞선 것을 뒤에 발생한 사건의 원인으로 보거나 시간상 뒤에 발생한 것을 앞의 사건의 결과라고 보는 오류이다.

⑦ **복합질문의 오류** … 둘 이상으로 나누어야 할 것을 하나로 묶어 질문함으로써, 대답 여하에 관계없이 대답하는 사람이 수긍할 수 없거나 수긍하고 싶지 않은 것까지도 수긍하는 결과를 가져오는 질문 때문에 발생하는 오류이다.

⑧ **논점 일탈의 오류** … 원래의 논점에 관한 결론을 내리지 않고 이와 관계없는 새로운 논점을 제시하여 엉뚱한 결론에 이르게 되는 오류이다.

⑨ **순환 논증의 오류**(선결 문제 해결의 오류) … 논증하는 주장과 동의어에 불과한 명제를 논거로 삼을 때 범하는 오류이다.

⑩ **의도 확대의 오류** … 의도하지 않은 행위의 결과를 의도가 있었다고 판단할 때 생기는 오류이다.

(2) 언어적 오류

언어를 잘못 사용하거나 잘못 이해하는 데서 발생하는 오류이다.

① **애매어의 오류** … 두 가지 이상의 의미로 사용될 수 있는 단어의 의미를 명백히 분리하여 파악하지 않고 혼동함으로써 생기는 오류이다.

② 강조의 오류 … 문장의 한 부분을 불필요하게 강조함으로써 발생하는 오류이다.

③ 은밀한 재정의의 오류 … 용어의 의미를 자의적으로 재정의하여 사용함으로써 생기는 오류이다.

④ 범주 혼동의 오류 … 서로 다른 범주에 속한 것을 같은 범주의 것으로 혼동하는 데서 생기는 오류이다.

⑤ '이다' 혼동의 오류 : 비유적으로 쓰인 표현을 무시하고 사전적 의미로 해석하거나 술어적인 '이다'와 동일성의 '이다'를 혼동해서 생기는 오류이다.

(3) 심리적 오류

어떤 주장에 대해 논리적으로 타당한 근거를 제시하지 않고 심리적인 면에 기대어 상대방을 설득하려고 할 때 발생하는 오류이다.

① 인신공격의 오류(사람에의 논증) … 논거의 부당성을 지적하기보다 그 주장을 한 사람의 인품이나 성격을 비난함으로서 그 주장이 잘못이라고 하는 데서 발생하는 오류이다.

② 동정에 호소하는 오류 … 사람의 동정심을 유발시켜 동의를 꾀할 때 발생하는 오류이다.

③ 피장파장의 오류(역공격의 오류) … 비판받은 내용이 비판하는 사람에게도 역시 동일하게 적용됨을 근거로 비판에서 벗어나려는 오류이다.

④ 힘에 호소하는 오류 … 물리적 힘을 빌어서 논의의 종결을 꾀할 때의 오류이다.

⑤ 대중에 호소하는 오류 … 군중들의 감정을 자극해서 사람들이 자기의 결론에 동조하도록 시도하는 오류이다.

⑥ 원천 봉쇄에 호소하는 오류(우물에 독 뿌리기 식의 오류) … 반론의 가능성이 있는 요소를 원천적으로 비난하여 봉쇄하는 오류이다.

⑦ 정황적 논증의 오류 … 주장이 참인가 거짓인가 하는 문제는 무시한 채 상대방이 처한 정황 또는 상황으로 보아 자기의 생각을 받아들이지 않으면 안된다고 주장하는 오류이다.

2 수열추리

01. 여러 가지 수열

(1) 등차수열

첫째항부터 일정한 수를 더하여 다음 항이 얻어지는 수열이다.

일반항 $a_n = 2n - 1$

예 2 4 6 8 10 12
      +2 +2 +2 +2 +2

(2) 등비수열

첫째항부터 일정한 수를 곱해 다음 항이 얻어지는 수열이다.

일반항 $a_n = 2^{n-1}$

예 1 2 4 8 16 32
     ×2 ×2 ×2 ×2 ×2

(3) 계차수열

수열 a_n 의 이웃한 두 항의 차로 이루어진 수열 b_n 이 있을 때, 수열 a_n 에 대하여 $a_{n+1} - a_n = b_n \, (n = 1,\ 2,\ 3,\ \cdots)$ 을 만족하는 수열 b_n 을 수열 a_n 의 계차수열이라 한다.

예 3 5 9 15 23 33
     +2 +4 +6 +8 +10
      +2   +2   +2   +2

(4) 조화수열

분수의 형태로 취하고 있던 수열의 역수를 취하면 등차수열이 되는 수열이다.

일반항 $a_n = \dfrac{1}{2n-1}$

예 $1 \quad \dfrac{1}{3} \quad \dfrac{1}{5} \quad \dfrac{1}{7} \quad \dfrac{1}{9} \quad \dfrac{1}{11}$

(5) 피보나치수열

앞의 두 항의 합이 다음 항이 되는 수열이다.

예 $1 \quad 1 \quad \dfrac{2}{1+1} \quad \dfrac{3}{1+2} \quad \dfrac{5}{2+3} \quad \dfrac{8}{3+5} \quad \dfrac{13}{5+8}$

(6) 군수열

일정한 규칙성으로 몇 항씩 묶어서 나눈 수열이다.

예 1 1 3 1 3 5 1 3 5 7 1 3 5 7 9 ⇨ (1) (1 3) (1 3 5) (1 3 5 7) (1 3 5 7 9)

(7) 묶음형 수열

수열이 몇 개씩 묶어서 제시되어 묶음에 대한 규칙을 빠르게 찾아내야 한다.

예 1 2 3   3 4 7   5 6 11

    1+2=3   3+4=7   5+6=11

02. 문자 수열

숫자 대신 문자가 나오며 문자의 나열에서 +, −, ×, ÷를 사용하여 일정한 규칙을 찾아 빈칸에 나올 수를 추리하는 유형으로 수열추리와 똑같이 생각하고 풀면 된다.

03. 도형 수열

표, 원이나 삼각형 등의 도형 주위에 숫자가 배열된 형태로 직선 수열과 똑같이 해결하면 된다. 시계방향, 시계 반대 방향, 마주보는 방향, 대칭 등의 형태가 있다.